Marieluise Christl-Licosa

Echt italienisch kochen

Reizvolle Original-Rezepte
und Küchentips

Zur Hochzeit wünschen wir alles Gute und vor allem Guten Appetit

Kerstin + Garfield (Sabine)

GU

Gräfe und Unzer

Titelbild:
Ein beliebtes klassisches Gericht: »Spaghetti alla napoletana«. Rezept Seite 25

2. Umschlagseite:
In Italien nimmt man sich Zeit für die Mahlzeiten und genießt sie, so wie diese Familie ihr Mittagessen, im Freien.

3. Umschlagseite:
»Zabaione« ist eine köstliche Weinschaumcreme, die heiß gegessen wird. Rezept Seite 64

CIP-Kurztitelaufnahme der Deutschen Bibliothek

Christl-Licosa, Marieluise:
Echt italienisch kochen: reizvolle Original-Rezepte u. Küchentips / Marieluise Christl-Licosa. – 9. Aufl. - München: Gräfe und Unzer, 1989.
ISBN 3-7742-1404-2

9. Auflage 1989

Redaktion: Nina Andres
Herstellung: Robert Gigler
Farbfotos: Fotostudio Teubner
Zeichnungen: Ingrid Schütz
Umschlaggestaltung: Heinz Kraxenberger
Satz und Druck: Appl, Wemding
Reproduktionen: Brend'amour, Simhart & Co.
Bindung: R. Oldenbourg

ISBN 3-7742-1404-2

Marieluise Christl-Licosa
wurde in Tirol geboren und ist dort aufgewachsen. Mit ihrem Mann und den vier Söhnen lebte sie viele Jahre in Mailand, konnte dort die Landessprache erlernen und dadurch die italienische Küche an ihren Quellen studieren. Zahlreiche Reisen und lange Ferienaufenthalte in allen Regionen Italiens führten zu vielen freundschaftlichen Kontakten mit der Bevölkerung. Mit wahrer Leidenschaft sammelte Frau Christl-Licosa Rezepte von neapolitanischen Fischern, von piemontesischen Bergbauern, von Herrschaftsköchinnen aus der Lombardei und der Toscana und nicht zuletzt von Chefköchen bekannter Feinschmeckerlokale der großen Städte. Seither ist die Arbeit am Herd ihr Hobby geworden. An der Volkshochschule Germering bei München unterrichtet sie italienische Sprache und gibt Kurse für italienische Küche. Im gleichen Verlag sind ihr Bildkochbuch »Italienisch kochen« und die Küchen-Ratgeber »Nudel-Variationen«, »Pizza, Calzone und Focaccia« und »Preiswert kochen – gut essen« erschienen.

Sie finden in diesem Buch

Sie finden in diesem Buch

Ein Wort zuvor

Wenn hierzulande von italienischer Küche gesprochen wird, denken viele immer noch nur an Pizza und Spaghetti. Sie wissen nicht, wie abwechslungsreich und regional unterschiedlich in Italien gekocht wird. Deutsche Touristen bestellen in einer »trattoria« oder einem »ristorante« meistens nur die üblichen Standardgerichte, weil die Vielzahl der fremden Namen nicht ermutigt, kulinarische Erfahrungen zu sammeln.

Dieses Buch ist deshalb nicht nur als eine Sammlung von Rezepten gedacht. Es möchte alle, die noch wenig über italienische Küche wissen, auch mit ihren Besonderheiten vertraut machen und ihnen so den Umgang mit der italienischen Speisekarte erleichtern. Fortgeschrittene Hobbyköche schließlich finden alte Originalrezepte mit Tips für den Feinschmecker. Wie weit auch immer Ihre Küchenkenntnisse gediehen sein mögen, Sie werden sehen, daß Sie nach diesem Buch sofort die reizvollsten Spezialitäten echt italienisch kochen können.

Selbst die einfache italienische Küche ist abwechslungsreich. Sie werden aus diesem Buch erfahren, wie sich »paste« und »risotti« mit einer Salat- oder Käseplatte zu einer abgeschlossenen Mahlzeit ergänzen lassen.

Natürlich gibt das Buch auch Auskunft darüber, wie man ein reichhaltiges Menü für einen festlichen Anlaß zubereiten kann, ein »pranzo importante«, wie man in Italien dazu sagt. Alle Italiener sind ja bekanntlich »buongustai«, Feinschmecker, und legen deshalb großen Wert auf die richtige Speisenfolge.

Und dies wird vor allem diejenigen interessieren, die kalorienbewußt leben: die Eier-, Fleisch-, Fisch- und Gemüsegerichte können ohne Reue gegessen werden, wenn auf die gewohnten Beilagen (Reis, Nudeln oder Kartoffeln) verzichtet wird.

Seit Jahren besuchen Hobbyköche beiderlei Geschlechts mit viel Freude meine Kurse für italienische Küche an der Volkshochschule. Auch diejenigen, die wenig Kocherfahrung hatten, konnten die Rezepte ausnahmslos ohne Schwierigkeiten nachkochen. Alle ernteten, wie mir berichtet wurde, bei Familienangehörigen und Gästen enthusiastisches Lob. Ich bin davon überzeugt, daß bald auch von Ihrer »italienischen Küche« so begeistert gesprochen wird.
Buon appetito e salute!

Ihre Marieluise Christl-Licosa

Wichtig: Alle Rezepte sind für vier Personen berechnet.
Wie in Italien üblich, sollten Sie immer Weißbrot als Beilage reichen.

Vor dem Start zu lesen

Bevor gegessen wird – der Aperitif

Der Aperitif wird vor dem Essen gereicht. Er bringt Ihre Gäste in Stimmung, bereitet den Magen auf die Tafelfreuden vor und läßt der Hausfrau Zeit, die letzten Handgriffe in der Küche zu tun. Die Italiener pflegen diese Sitte gerne und haben daher eine reiche Auswahl an »aperitivi« anzubieten. Spezialgeschäfte und große Kaufhäuser haben inzwischen auch bei uns ein gutes Sortiment auf Lager, von Campari über Cynar, Rossantico, Ramazotti bis zu Fernet Menta. Vielleicht haben Sie schon Ihre Lieblingsmarke gefunden, sonst lohnt es sich, alle einmal zu probieren. Man serviert die »aperitivi« gut gekühlt und bis zu ²/₃ mit Sodawasser verdünnt. Eine halbe Orangenscheibe oder ein Stück ungespritzte Zitronenschale runden den Geschmack der Getränke ab. Dazu reicht man Oliven oder Kartoffelchips.

Die Qual der Wahl – der Wein

Ihre Gerichte gewinnen nicht nur an Wohlgeschmack, wenn Sie italienischen Wein dazu trinken. Auch die Bekömmlichkeit der Speisen wird spürbar gefördert. Deutsche Weine sind im allgemeinen zu süß und enthalten trotzdem viel Säure.

Mehr als 2000 Sorten, rote und weiße, reifen unter südlicher Sonne. Neben berühmten Flaschenweinen wie Bardolino, Barbera, Barolo, Chianti, Coronato, Dolcetto, Frascati, Freisa, Gragnano, Grignolino, Lambrusco, Malvasia, Marsala, Moscato, Orvieto, Sangiovese, Sansevero, Soave, Toricella, Trebbiano, Valpolicella, Vernaccia, um nur einige wenige zu nennen, gibt es viele namenlose Landweine von vorzüglicher Qualität, die allerdings nur an Ort und Stelle, am besten beim Erzeuger, erworben werden können. Man verlangt »vino locale« (Wein aus der Umgebung) oder einfach »vino da pasto« (Wein, wie ihn der Italiener zu den täglichen Mahlzeiten trinkt). Damit sind Sie meist besser bedient, als wenn Sie im Geschäft Flaschenweine kaufen. Es gibt nämlich keine für das ganze Land geltenden Reinheitsgesetze, und die Fälscher verstehen ihr Handwerk. Mit Landwein erstehen Sie ziemlich sicher »vino d'uva«, womit der Italiener sarkastisch »Wein aus Trauben« bezeichnet. Offene Weine unter 11% Alkoholgehalt haben nur geringe Haltbarkeit.

Viele Reisende wissen nicht, daß das Mitbringen von Wein aus Italien auch in größeren Mengen keine Probleme verursacht. Für Wein aus EWG-Ländern wird pro Liter nur eine Gebühr von etwa 10 Pfennig erhoben, und der Transitbetrag, den man für die Durchfahrt in Österreich oder der Schweiz hinterlegen muß, wird bei der Ausreise ohne Abzug erstattet. Italienische Flaschenweine guter Qualität finden Sie in Deutschland nur in Fachgeschäften oder in Läden für italienische Spezialitäten.

Zu leichten Vorspeisen trinkt man im allgemeinen junge trockene Weißweine, etwa einen Soave veronese. Ein »antipasto misto« aus Rohschinken, verschiedenen Salamisorten und Essiggurken verträgt sich besser mit einem Rosato oder einem leichten Rotwein.

Gerichte wie »pasta asciutta« oder »risotto«, die mit Fisch zubereitet wurden, sollten von einem leichten Weißwein, zum Beispiel einem Trebbiano romagnolo begleitet werden; verwendet man aber Fleisch als Zutat, so wählt man einen nicht zu schweren Rotwein, etwa einen Freisa secco oder einen Sangiovese. Zu italienischen Geflügelgerichten passen junge trockene Rotweine wie ein zweijähriger Grignolino, während man zu gebratenem Fleisch vom Kalb, Lamm oder Kaninchen kräftige Sorten, wie einen Chianti fiorentino, serviert. Zu Schmorbraten wie »brasati« und »stufati« sollte man alte Jahrgänge mit vollem Aroma trinken, etwa einen Dolcetto oder Barbera aus Piemont.

Wenn Sie sich keine italienischen Weine besorgen können, ersetzen Sie diese durch gute, trockene Sorten eines anderen Ursprungslandes. Selbst die an relativ süßen deutschen Wein gewöhnte Zunge weiß sehr bald die Vorzüge eines »vino secco« (trockener Wein) zu schätzen.

Das gehört einfach dazu – Brot und Käse

Wer Italien kennt, weiß, daß dort das Brot ein wichtiger Bestandteil jeder Mahlzeit ist. Deshalb backen die italienischen Bäcker auch heute noch an Sonn- und Feiertagen. Wir können uns mit Stangen- oder Kastenbrot behelfen. Es wird in 3–4 cm dicke Scheiben geschnitten, die bei Tisch gebrochen werden. Die köstlichen Saucen lassen sich wunderbar damit auftunken.

Bei keinem Menü darf Käse fehlen, der meist in mehreren Sorten angeboten wird. Sollten Sie das Glück haben, italienischen Käse kaufen zu können, probieren Sie alle Spezialitäten durch, von Gorgonzola »dolce« (mild) oder »piccante« (scharf) über Fontina, Provolone, Cacciocavallo, Asagio, Bel Paese, Ricotta, Mozzarella bis Parmesan und Pecorino. Die beiden letzten sollten nicht nur als Reibkäse verwendet werden. Am Stück schmecken sie auch herrlich zu kräftigem Rotwein. Ricotta und Mozzarella müssen mit Salz, frisch gemahlenem Pfeffer und erstklassigem Olivenöl angerichtet werden.

Sollten Ihnen Ihre italienischen Vorräte ausgegangen sein, stellen Sie deutsche, schweizerische oder französische Sorten nach Ihrem Geschmack zu einer Käseplatte zusammen.

Zum Ausklang – Kaffee und Likör

Da man lange und ausgiebig tafelt, empfiehlt es sich, nachher einen »kurzen«, starken Kaffee zu trinken. Verwenden Sie dazu die dunkelgebrannte italienische Mischung, die man vakuumverpackt auch bei uns bekommen kann. Um einen echten »espresso« zuzubereiten, brauchen Sie nur eine einfache neapolitanische Kaffeemaschine. Man kann sie aus den Ferien mitbringen oder bei uns in italienischen Fachgeschäften oder Boutiquen für Kunstgewerbe kaufen. Sicher wissen Sie, daß ein »espresso« mit viel Zucker, aber ohne Milch getrunken wird.

Natürlich gehört zum Ausklang eines festlichen Mahles ein Gläschen »digestivo«. Die Italiener sind Meister in der Herstellung von Verdauungslikören. Bestimmt kennen Sie Grappa, Sambuca, Amaretto, Millefiori,

Eine einfache italienische Espressomaschine, die man inzwischen auch hier in Küchenshops und Spezialgeschäften kaufen kann.

Anice und wissen vielleicht aus eigener, etwas »bitterer« Erfahrung, daß ein echter Fernet Branca alle Probleme einer zu üppigen Mahlzeit löst. Ziehen Sie einen guten Cognac vor, so finden sie in italienischen Bars ausgezeichnete »Brandys«, die Sie nicht enttäuschen werden.

Küchengeräte, Kochdauer, Kalorien

An dieser Stelle sollte ich Ihnen aufzählen, was man alles anschaffen muß, um »echt italienisch« kochen zu können. Das ist ganz einfach, denn Sie brauchen nichts, was Sie nicht schon besitzen. Scharfe Messer, ein Küchenbrett, 1–2 Bratpfannen, Kasserollen in verschiedenen Größen mit Deckeln, ein Salatsieb, mit dem Sie auch Nudeln abseihen können. Damit fangen Sie an.

Vielleicht fehlt Ihnen ein großer Topf, um die Teigwaren nach Vorschrift zu kochen. Dieser sollte für vier Portionen mindestens 5 Liter fassen. Die Anschaffung empfiehlt sich auch für den kleinen Haushalt, denn wenn sich Ihr Ruf als perfekte »italienische« Köchin erst einmal herumgesprochen hat, werden Ihre Gäste öfter »pasta all'italiana« essen wollen. Da man – wie Sie aus den Rezepten ersehen werden – viele Gerichte gut einfrieren kann, lohnt es sich, sie in größerer Menge zuzubereiten. Dabei leistet Ihnen der große Topf auch gute Dienste.

Lassen Sie sich von langen Garzeiten bei einzelnen Rezepten nicht abschrecken! Die Vorbereitung dieser Gerichte ist denkbar einfach und erfordert wenig Zeitaufwand. Ich habe in dieses Buch bewußt keine Rezepte aufgenommen, die der Köchin zuviel Geduld und Geschick abverlangen. Für eine italienische Hausfrau ist es nämlich zum Beispiel ganz selbstverständlich, stundenlang zahllose winzige »tortellini« herzustellen, die dann nur als erster Gang gewürdigt werden.

Die Gerichte werden meist bei ganz schwacher Hitze lange geschmort, und durch Überschreitung der Garzeit gewinnen sie nur. Sie können deshalb in der Zwischenzeit ruhig ihre Einkäufe erledigen.

Bei den heutigen Küchenherden lassen sich ja die Temperaturen genau einstellen. Für Berufstätige ist es ratsam, Gerichte mit langer Garzeit anzukochen, während sie die Abendmahlzeit zubereiten. Wenn das Fernsehprogramm zu Ende ist, hat der »sugo« die gewünschte Konsistenz erreicht und braucht am nächsten Tag nur aufgewärmt zu werden. Vielleicht besinnt sich manche Hausfrau auf die Automatikeinrichtung ihres Herdes, die sie bisher oft kaum ausgenützt hat.

»Echt italienisch kochen« ist kein Schnellkochbuch. Wenn ich eine italienische Hausfrau bitte, mir die genaue Zubereitungszeit eines Gerichtes anzugeben, schaut sie mich erst ziemlich verwundert an und meint dann nach einigem Zögern: »Dipende, Signora«. Das bedeutet »es hängt davon ab«, zum Beispiel wie alt das Huhn war, bevor es geschlachtet wurde, ob man ein bestimmtes Kohlgericht gleich nach der Ernte oder nach langer Lagerung des Gemüses zubereitet oder wieviel Flüssigkeit die Tomaten beim Dünsten an den »sugo« abgeben. Deshalb habe ich die Zubereitungszeit ziemlich großzügig bemessen.

Ich habe mich entschieden geweigert, die Kalorienzahl anzugeben; denn italienisch essen bedeutet »speisen«. Der »buongustaio« (Feinschmecker) nimmt von jedem Gang nur wenig und kann auch nach einem ausgedehnten Menü den Nachtisch noch mit Vergnügen verzehren. Wir essen zu Hause seit vielen Jahren überwiegend »all'italiana«, keiner in unserer Familie hat jedoch nur ein Pfund Übergewicht. »Mangioni« (Fresser) gibt es überall, und ob man seine barocke Figur einem Zuviel an Sahnetorte oder Spaghetti verdankt, ist im Endeffekt gleichgültig.

Einkauf und Vorratshaltung

Der Kühlschrank gehört zwar auch in Italien zum Inventar einer Küche, zur Vorratshaltung wird er jedoch relativ wenig verwendet. Er dient vorwiegend zur Kühlung von Speisen und Getränken an heißen Tagen. Die italienische Hausfrau verzichtet nämlich im allgemeinen, alter Tradition gemäß, nicht auf ihren täglichen Einkauf. Die üppige Vielfalt der Wochenmärkte und das reiche Sortiment der vielen Einzelhändler bieten dazu natürlich einen starken Anreiz. Mit Kennerblick prüft sie das Angebot und nur beste Qualität findet Gnade vor ihren kritischen Augen. Eines der Geheimnisse italienischer Kochkunst ist darum auch die Verwendung marktfrischer Zutaten.

Das rege Interesse für fremde Küchen einerseits und die Nachfrage der Gastarbeiter nach ihren heimischen Produkten andererseits haben dazu geführt, daß der deutsche Markt eine Vielzahl ausländischer Nahrungsmittel anbietet. Für Liebhaber der italienischen Küche ist es darum nicht besonders schwierig, die wichtigsten Zutaten zu finden. Je nach Jahreszeit sieht man Brokkoli, Stangensellerie, Zucchini, Auberginen und Radicchio nicht nur auf Märkten, sondern sogar in der Filiale einer Ladenkette um die Ecke. Achten Sie aber beim Einkauf auf die Frische dieser Gemüse, sie verlieren durch Lagerung an Qualität. Entsprechende Tips finden Sie im Rezeptteil. Tomaten in Dosen ziehe ich deshalb im allgemeinen den frischen vor, weil sie in ausgereiftem Zustand geerntet werden und so bereits ihr volles Aroma entwickelt haben. Sie geben den Gerichten die schöne satte Farbe und den kräftigen Geschmack. Tomatenkonserven gibt es heute fast überall zu kaufen, sie werden jedoch zu sehr unterschiedlichen Preisen gehandelt. Bei guten Angeboten lohnt es sich daher, einen Vorrat anzulegen.

Die Verwendung von Olivenöl ist sehr oft ausschlaggebend für den typischen Geschmack eines Gerichtes. Man sollte darum beim Einkauf nicht sparen, sondern nur beste Qualität wählen. Dasselbe gilt für den Weinessig. Spezialabteilungen der Warenhäuser und Fachgeschäfte führen ein reiches Angebot dieser Artikel. Pfeffer sollte man frisch mahlen, denn nur dann entwickelt er seine volle Würzkraft. Salbei, Thymian und Rosmarin können für die meisten Gerichte auch in getrocknetem und gemahlenem Zustand verwendet werden. Basilikum jedoch verliert beim Trocknen sein Aroma. Sollten Sie es nicht frisch kaufen können, versuchen Sie, es aus Samen selbst zu ziehen oder Pflanzen beim Gärtner zu kaufen. Leider hat dieses edle Gewächs in unseren Breiten nur eine relativ kurze Vegetationsperiode, kann sich jedoch bei richtiger Pflege sehr üppig entfalten. Darum sollte man sich davon einen Wintervorrat anlegen. Man kann Basilikumblätter einfrieren oder, wie es die italienische Hausfrau vorzieht, in Öl oder Salz einlegen. Ich pflege mir diese Konserven während unseres sommerlichen Ferienaufenthaltes in Italien herzustellen. Sie gehören zu unseren italienischen Souvenirs wie Sardellen und Kapern in Salz oder Auberginen und Pilze in Öl eingelegt. Knoblauchzöpfe und zum Trocknen aufgefädelte feuerrote Peperoncini zählen dazu und ein großer Provolone.

Gemüse und Vorspeisen – landesüblich

Ein italienisches Essen ohne »antipasto« ist nicht denkbar. Auch der ärmste Bergbauer bietet einem Gast zu Beginn selbst einer einfachen Mahlzeit hausgemachten Schinken, Würste und in Öl eingelegtes Gemüse an. Sicher kennt der Italiener sehr aufwendige Vorspeisen, die denen der französischen Küche in keiner Weise nachstehen. Sie bilden bei den vielen großen Familienfeiern die Zierde der festlichen Tafel. Sehen wir sie im Restaurant verführerisch aufgebaut, vergessen wir nur zu leicht die Sorge um unsere schlanke Linie. Die italienische Hausfrau verfügt aber auch über eine Vielfalt an raffinierten kleinen Gerichten, die schnell herzustellen sind und unseren modernen Eßgewohnheiten entgegenkommen. Da sie unter anderem gerne Frittate (eine Art von Omeletten) als »antipasto« verwendet, werden auch diese hier behandelt.

In wenig Salzwasser kurz gedämpfte Gemüse werden auch gerne als Beilagen verwendet. Sie können warm oder kalt serviert werden. Man läßt sie nach dem Garen gut abtropfen und würzt sie mit Olivenöl, Zitronensaft, Pfeffer, eventuell gehackter Petersilie und ganz wenig ausgepreßtem Knoblauch. Wenn Sie gerne und häufig Knoblauch essen, sollten Sie sich unbedingt eine Knoblauchpresse kaufen (siehe Zeichnung).

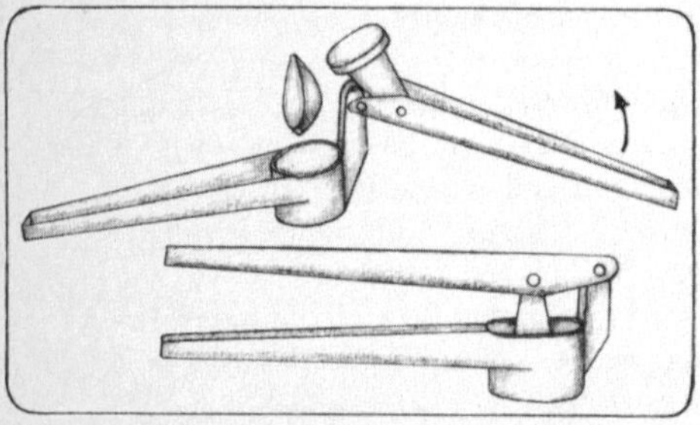

Sehr hilfreich: die Knoblauchpresse.

Der Italiener ißt auch zu jeder Mahlzeit Gemüse, das der Markt das ganze Jahr in reicher Fülle bietet. Frische Salate sind am einfachsten zuzubereiten, da sie erst bei Tisch mit gutem Olivenöl, reinem Weinessig oder Zitronensaft, Salz und frisch gemahlenem Pfeffer gewürzt werden.

Man hat in den großen italienischen Familien gelernt, sparsam zu kochen. Fleisch war immer teuer, aber frisches Gemüse bot der eigene Garten zu jeder Jahreszeit. Die begabten Köchinnen entwickelten raffinierte Hauptgerichte aus Zucchini, Auberginen, Fenchel und Artischocken, die aber ziemlich arbeitsintensiv sind. Sollten Sie auf Ihrer Italienreise solche Spezialitäten auf der Speisekarte finden – sie werden häufig unter der Rubrik »antipasti« angeboten – dürfen Sie es sich nicht entgehen lassen, sie zu kosten.

Antipasto di verdura

Rohkost als Vorspeise

1 Staude Bleichsellerie · 2 kleine Fenchelknollen · 1 Bund Radieschen · 4 junge Karotten · 1 Paprikaschote · Olivenöl · Zitronensaft oder Weinessig · Salz · Pfeffer

- Zubereitungszeit: 30 Minuten

So wird's gemacht: Die äußeren harten Zweige des Selleries so großzügig entfernen, daß nur das »Herz« übrigbleibt. Dieses der Länge nach in 6–8 Stücke teilen. Vom Fenchel die äußeren harten Häutchen entfernen.

Die Stiele abtrennen, die Knollen an der Wurzel etwas zurückschneiden, vierteln. Von den Radieschen die Wurzel und die Blätter abschneiden, die Karotten schaben und in große Stifte schneiden. Die Paprikaschote in 8 Teile schneiden, die Rippen und Kerne entfernen. • Alle Gemüse getrennt gründlich waschen und gut abtropfen lassen. • Auf einer Platte gefällig anordnen. • Jeder Teilnehmer erhält bei Tisch ein Schüsselchen, in dem er sich nach Geschmack aus Olivenöl, Zitronensaft oder Weinessig, Salz und frisch gemahlenem Pfeffer seine Sauce mischen kann. In diese tunkt man das Gemüse. Es wird mit der Hand gegessen.

Mein Tip In dieser Form werden Stangensellerie oder Fenchelknollen auch allein als Vorspeise angeboten. Man findet sie dann unter der Bezeichnung »sedano crudo« oder »finocchio crudo« auf der Speisekarte.

Zucchini a scapece

Marinierte Zucchini
Bild Seite 17

500 g frische kleine Zucchini · 2 Knoblauchzehen · 1 Bund Petersilie · etwa 6 Eßl. Olivenöl · Salz · 1–2 Eßl. Weinessig · gemahlener Peperoncino (kleine scharfe Paprikaschote)

- Zubereitungszeit: 30 Minuten
- Kühlzeit: mindestens 2 Tage

So wird's gemacht: Von den Zucchini beide Enden abschneiden, die Früchte waschen, gut abtrocknen und in Scheiben schneiden. Den Knoblauch schälen und mit der Petersilie ganz fein hacken. • In einer Bratpfanne etwa 4 Eßlöffel Olivenöl gut heiß werden lassen, die Zucchinischeibchen auf beiden Seiten bei guter Hitze knusprig braten, mit Salz bestreuen und in einer Schüssel auskühlen lassen. • Dann lagenweise in ein kleines Gefäß schichten, dabei jede Schicht mit Petersilie, Knoblauch, Weinessig, dem restlichen Olivenöl und ganz wenig Peperoncinopulver würzen. • Wenigstens 2 Tage in den Kühlschrank stellen. • Vor dem Servieren rechtzeitig herausnehmen. Die Zucchini sollten zimmerwarm gegessen werden. Man kann sie, mit Zitronenspalten und einem Zweig gewaschener Petersilie garniert, in kleinen Glasschüsseln anrichten.

Mein Tip Bereiten Sie die doppelte Menge zu, das verursacht nicht sehr viel Mehrarbeit. Wenn Sie die Zucchini nach diesem Rezept zubereiten, halten sie sich tagelang im Kühlschrank und schmecken auch ausgezeichnet als Beilage zu gekochtem Fleisch.

Prosciutto con melone

Schinken mit Melone

1 reife Melone · Salz · Pfeffer · 8 dünne Scheiben roher Schinken

- Zubereitungszeit: 15 Minuten; zuzüglich einige Stunden Kühlzeit.

So wird's gemacht: Die Melone vor dem Servieren einige Stunden in den Kühlschrank stellen. In 8 Teile schneiden. Die Schale und die Kerne entfernen. • Die einzelnen Stücke leicht mit Salz und Pfeffer würzen, mit einer Schinkenscheibe umwickeln. Strahlenförmig auf einer runden Platte anordnen.

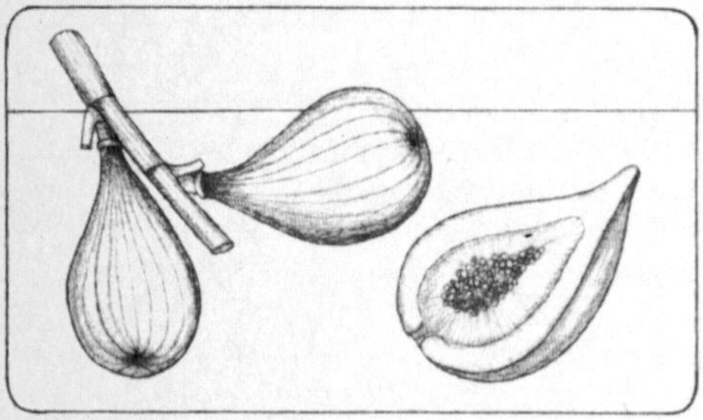

Frische Feigen – Früchte, die man im Sommer auch bei uns kaufen kann.

Varianten: Auch frische Feigen schmecken gut zu rohem Schinken. Sie werden gewaschen, abgetrocknet und gut gekühlt. Man serviert sie mit dünn geschnittenem Schinken aus Parma oder San Daniele als »prosciutto con fichi«. Wenn sie sehr gut ausgereift sind, verzehrt man sie im ganzen, wenn nicht, müssen sie geschält werden. Zu rohem Schinken passen nicht nur Melonen oder frische Feigen. In der modernen italienischen Küche wird er auch mit Kiwis kombiniert. Diese Früchte werden dazu dünn geschält, in Scheiben geschnitten, auf Portionstellern angerichtet, mit Folie bedeckt gut gekühlt und vor dem Servieren mit dem Schinken garniert. Bei Tisch würzt man leicht mit frisch gemahlenem Pfeffer.

Peperonata

Pikantes Gemüse aus Paprikaschoten, Zwiebeln und Tomaten

300 g Paprikaschoten · 300 g große Zwiebeln · 300 g Tomaten · 4 Eßl. Olivenöl · Salz · Pfeffer · Weinessig

- Zubereitungszeit: 45 Minuten

So wird's gemacht: Die Paprikaschoten halbieren, die Rippen und Kerne entfernen. Waschen, gut abtrocknen und in fingerbreite Streifen schneiden. Die Zwiebeln schälen, in Scheiben schneiden. Die Tomaten kurz in kochendes Wasser tauchen, schälen und grob zerkleinern. • In einer Kasserolle das Öl heiß werden lassen, die Zwiebelscheiben kurz anbraten, dann die Paprikastreifen und die Tomaten dazugeben. • Mit Salz, Pfeffer und ein paar Spritzern Weinessig gut würzen. • Bei milder Hitze langsam garen, das Gemüse darf dabei nicht zerfallen. Sollte am Ende der Kochzeit zuviel Flüssigkeit übrig bleiben, kann die Hitze kurz verstärkt werden, damit sie verdampft.

Variante: In einer Schüssel pro Person 1–2 Eier verquirlen, mit Salz und Pfeffer würzen und am Ende der Garzeit unter das Gemüse mischen. Bei kleiner Hitze stocken lassen.

Mein Tip Da sich das Gemüse gut einfrieren läßt, sollte man sich in der Saison einen Wintervorrat anlegen. Peperonata eignet sich nicht nur warm oder kalt als Vorspeise, sondern paßt auch als Beilage zu Fleischgerichten.

Parmigiana di melanzane

Überbackene Auberginen
Bild Seite 17

4 Auberginen · Salz · 1 Zwiebel · 3 Zweige Basilikum · 500 g frische Tomaten oder Dosentomaten · 4 Eßl. Olivenöl · Pfeffer · 2 Eier · 1 Mozzarella (Weichkäse aus Büffelmilch) · Mehl · geriebener Parmesankäse

● Zubereitungszeit: etwa 1 Stunde und 30 Minuten

So wird's gemacht: Die Auberginen waschen, das obere Ende entfernen, in knapp 1 cm dikke Scheiben schneiden. Diese auf einen großen, flachen Teller oder ein Brett legen, mit Salz bestreuen, schräg stellen, daß der bittere Saft ablaufen kann, 1/2 Stunde ruhen lassen. • Inzwischen die Zwiebel schälen, mit dem Basilikum fein hacken. Die frischen Tomaten kurz in kochendes Wasser tauchen, schälen, grob zerkleinern, dabei die Kerne entfernen. (Dosentomaten abtropfen lassen, mit einer Gabel zerdrücken). • In einer kleinen Pfanne 2 Eßlöffel Olivenöl erhitzen. Die Zwiebel und das Basilikum ein paar Minuten darin anbraten. Die Tomaten dazugeben. Salzen und pfeffern. Zugedeckt bei kleiner Hitze 1/2 Stunde dünsten, dann durch ein Sieb streichen. • Die Eier 10 Minuten hart kochen, in kaltem Wasser abschrecken, schälen und in Scheiben schneiden. Die Mozzarella in dünne Scheibchen teilen. • In einem Sieb die Auberginen kurz mit Wasser abbrausen. Mit Küchenkrepp trocknen und mit Mehl bestäuben. In einer Pfanne das restliche Öl erhitzen, die Scheiben darin schnell auf beiden Seiten bräunen. • Eine feuerfeste Form mit Öl ausstreichen und mit Auberginenscheiben belegen. Diese leicht salzen und pfeffern, mit Parmesankäse bestreuen. Eier- und Käsescheibchen darauf verteilen und ein paar Eßlöffel von der Tomatensauce darübergießen. Lagenweise wiederholen, bis alle Zutaten aufgebraucht sind. Im vorgeheizten Backofen bei 180° 35–40 Minuten backen.

Cavolfiore con acciughe

Blumenkohl mit Sardellen

1 Blumenkohl (etwa 1 kg) · 1 Knoblauchzehe · 1 Bund Petersilie · 4 Sardellenfilets · 2 Eier · 3 Eßl. Olivenöl · Salz · Pfeffer

● Zubereitungszeit: 1 Stunde

So wird's gemacht: Den Blumenkohl putzen, waschen, in gesalzenem Wasser nicht zu weich kochen. • In der Zwischenzeit die Knoblauchzehe schälen, mit der gewaschenen Petersilie und den Sardellenfilets ganz fein wiegen. • Die Eier 10 Minuten hart kochen, abschrecken, schälen und grob zerkleinern. • In einer kleinen Pfanne das Öl heiß werden lassen. Zuerst

Mein Tip Blumenkohl nach diesem Rezept zubereitet, kann auch als Beilage zu gekochtem Seefisch oder Rindfleisch serviert werden.

den Knoblauch, die Sardellen und die Petersilie kurz anbraten, nach 5 Minuten die Eier dazugeben. Mit Salz und Pfeffer würzen. • Ein paar Minuten bei ganz kleiner Hitze ziehen lassen. • Sobald der Blumenkohl gar ist, abgießen, gut abtropfen lassen, unzerteilt auf einer vorgewärmten Platte anrichten, die Sauce darüber verteilen und sofort sehr heiß servieren.

Insalata di bollito

Rindfleischsalat

500 g gekochtes mageres Rindfleisch · ½ Zwiebel · 1 Knoblauchzehe · je 1 Handvoll frische Petersilie und Basilikum · 2 Sardellenfilets · 1 Essiggurke · 3 Eßl. Olivenöl · 1 Eßl. Weinessig · 1 Teel. nicht zu scharfer Senf · 1 Eßl. Kapern · Salz · Pfeffer

- Zubereitungszeit: 30 Minuten
- Kühlzeit: 3–4 Stunden

So wird's gemacht: Das gekochte, ausgekühlte Rindfleisch in kleine Würfel schneiden. Die Zwiebel und die Knoblauchzehe schälen. Mit der Petersilie, dem Basilikum und den Sardellenfilets fein hacken. Die Essiggurke grob zerkleinern. • Das Olivenöl, den Weinessig und den Senf zu einer Sauce verrühren. • Die Rindfleischwürfelchen in eine Schüssel geben, mit den gehackten Zutaten, den Kapern und der Sauce mischen. Mit Salz und frisch gemahlenem Pfeffer gut abschmecken. • Ein paar Stunden im Kühlschrank ziehen lassen. Jedoch rechtzeitig herausnehmen, da das Gericht zimmerwarm serviert werden sollte.

Mein Tip Das Gericht wird im Sommer auch als Hauptgang nach einem Teller Spaghetti oder Risotto gereicht. Dann muß man aber für vier Personen ungefähr 750 g gekochtes Fleisch rechnen und das Rezept entsprechend abändern.

Frittata con le cipolle

Zwiebelomelette

500 g große Gemüsezwiebeln · 4 Eßl. Olivenöl · Salz · Pfeffer · ½ Teel. Oregano · 4 Eier

- Zubereitungszeit: 45 Minuten

Mein Tip Könner wenden die Frittata im ganzen mit Hilfe eines Tellers oder Deckels. Für weniger Geübte empfiehlt es sich, diese vorher in vier Teile zu teilen, da sie sehr leicht zerbricht und ohnehin portionsweise serviert wird. Dieses Gericht wird warm oder kalt als Vorspeise gegessen, kann aber auch nach einer kräftigen Suppe als Hauptgang gereicht werden, nur müssen Sie dann die 1½fache Menge in zwei Pfannen backen.

So wird's gemacht: Die Zwiebeln schälen und in Scheiben schneiden. • In einer Kasserolle 2 Eßlöffel Olivenöl heiß werden lassen. Die Zwiebelscheiben dazugeben. Mit Salz, Pfeffer und Oregano würzen und zugedeckt bei ganz milder Hitze garen. Die Zwiebeln sollen schön weich sein, dürfen aber keine Farbe bekommen. Auskühlen lassen. • In einer Schüssel die Eier mit einer Gabel gut verrühren, die Zwiebeln unterheben. In der Omelettenpfanne das restliche Öl heiß werden lassen. Die Eier-Zwiebel-Masse auf einmal hineingeben, glattstreichen und auf beiden Seiten langsam goldbraun backen.

Frittata di bietole

Mangoldomelette

1 kg Mangold (kann auch durch Spinat ersetzt werden) · 100 g Weißbrotkrume · 2 Knoblauchzehen · 6 Eier · 1 Messerspitze Majoran · Salz · Pfeffer · 100 g geriebener Parmesankäse · 4 Eßl. Olivenöl

● Zubereitungszeit: 45 Minuten

So wird's gemacht: Den Mangold putzen, die Stiele kürzen, braune Stellen und welke Blattteile entfernen, gut waschen. • In einem großen Topf mit leicht gesalzenem Wasser 15 Minuten schwach kochen. (Je nach Qualität des Gemüses etwas länger.) Abgießen, abtropfen lassen. • Das Brot kurz in Wasser einweichen, gut ausdrücken. Den Knoblauch schälen und fein hacken. • Das abgekühlte Gemüse so auspressen, daß es möglichst frei von Wasser ist. Blätter und Stiele in feine Streifen schneiden und in eine Schüssel geben. • Die Eier verquirlen. Mit dem Knoblauch, den Gewürzen, dem Brot und dem Käse mischen. Unter den Mangold rühren. • In der Omelettenpfanne das Öl heiß werden lassen. Die Eier-Gemüse-Mischung auf einmal hineinschütten, glattstreichen und auf beiden Seiten bei mittlerer Hitze goldbraun backen.

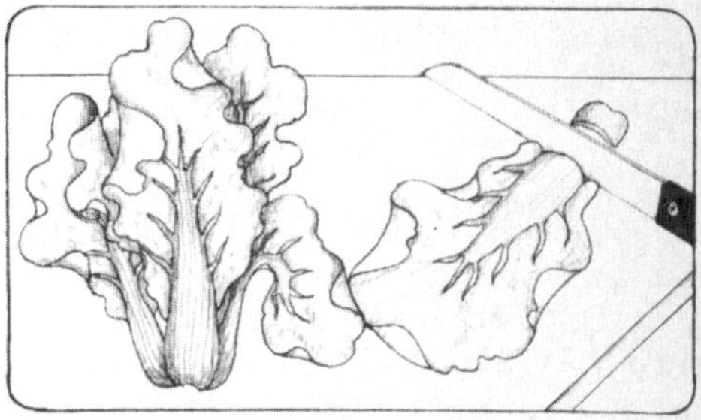

Mangold schmeckt ähnlich wie Spinat.

Funghi trifolati

»Getrüffelte« Pilze

500 g Steinpilze oder Champignons · 2 Knoblauchzehen · 1 Bund Petersilie · 3 Eßl. Olivenöl · Salz · Pfeffer

● Zubereitungszeit: 30 Minuten

So wird's gemacht: Die Pilze putzen, abbrausen, trockentupfen und in Scheibchen schneiden. Die Knoblauchzehen auspressen, die Petersilie fein hacken. • In einer Kasserolle das Öl erhitzen, den Knoblauch leicht anbraten, dann die Pilze bei guter Hitze so lange mitbraten, bis die Flüssigkeit verdampft ist. Die Petersilie unterrühren, mit Salz und Pfeffer würzen, kurz ziehen lassen. Warm oder kalt, aber nicht aus dem Kühlschrank servieren.

Zwei köstliche Vorspeisen. ▷ Unten »Zucchini a scapece«, Rezept Seite 11, oben »Parmigiana die melanzane, Rezept Seite 13

»Tutto fa brodo«, sagt ein Sprichwort. Wörtlich müßte man es übersetzen mit: »man kann aus allem Suppe machen«.

Auch darin ist die italienische Hausfrau kaum zu übertreffen. Der Reisende kennt höchstens »pastina in brodo«, »minestra di verdura« oder »zuppa pavese«. Er hat im Sommer ohnedies keine Lust, warme Suppe zu essen. Während wir aber zu Hause im November von der goldenen Sonne Italiens träumen, ist das Wetter tatsächlich auch dort unfreundlich und kalt geworden. Man spricht von der »brutta stagione« (häßliche Jahreszeit). Die Bauernfamilien kauern um das Kaminfeuer in der Küche, und in einem großen gußeisernen Kessel brodelt eine kräftige Suppe. Man ißt selbstgebackenes Brot dazu, trinkt Landwein, unterhält sich und wartet geduldig auf bessere Tage.

Minestra di zucchini

Zucchinisuppe

Ein sehr verwöhnter Gast hat mir einmal nach dem Genuß dieser »minestra« spontan den ersten Handkuß gegeben. Dieser galt wohl mehr dem Gericht als der Köchin, denn er behauptete, nie im Leben eine bessere Suppe gegessen zu haben.

500 g Zucchini · je 1 Bund Petersilie und Basilikum · 2 Eßl. Schweineschmalz · 1 Eßl. Olivenöl · 1 l heißes Wasser · Salz · Pfeffer · 4 Weißbrotscheiben · 1 Eßl. Butter · 2 Eier · 3 Eßl. geriebener Parmesankäse

● Zubereitungszeit: 1 Stunde

So wird's gemacht: Die Zucchini gut waschen, nicht schälen, nur beide Enden abschneiden. In kleine Würfel teilen. • Die Petersilie und das Basilikum fein hacken. • In einem Topf Schmalz und Öl heiß werden lassen, das Gemüse 10 Minuten bei milder Hitze anbraten. • Mit dem heißen Wasser aufgießen. Mit Salz und Pfeffer gut abschmecken und zugedeckt langsam 20 Minuten kochen lassen. • Inzwischen die Weißbrotscheiben in kleine Würfel schneiden und in der Butter goldgelb rösten. • In einer kleinen Schüssel die Eier mit den Kräutern und dem Käse gut verquirlen. • Kurz vor dem Anrichten die Eier-Käse-Mischung unter die Suppe rühren und den Topf sofort vom Herd nehmen. Die Brotwürfel auf vorgewärmte Teller verteilen und bei Tisch die heiße Suppe darübergießen.

Zuppa di finocchi alla genovese

Genueser Fenchelsuppe

Diese »zuppa« wird gerne in der Gegend um Genua gegessen.

5 mittelgroße Fenchelknollen · 1 Knoblauchzehe · 1 Bund Petersilie · 3 Eßl. Olivenöl · 1¼ l Wasser oder leichte Knochenbrühe · Salz · Pfeffer · 4 Weißbrotscheiben · geriebener Parmesankäse nach Belieben

● Zubereitungszeit: 1 Stunde

So wird's gemacht: Die harten Außenblätter der Knollen entfernen, Strunk und Stiele zurückschneiden. Das Gemüse waschen, dann in

◁ »Spaghetti alla carbonara« sind ganz besonders schmackhaft und ebenso preiswert. Rezept Seite 23

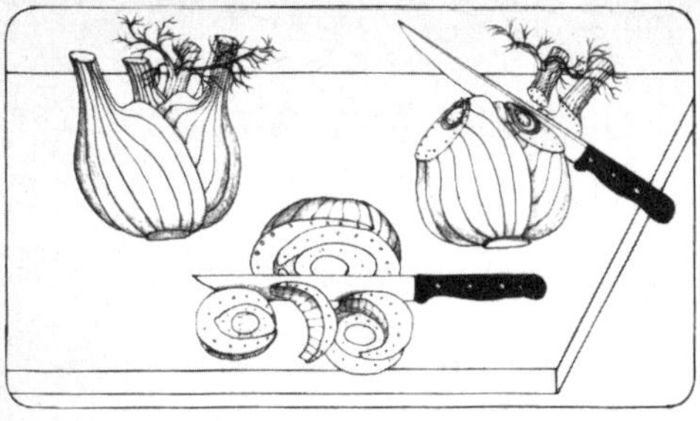

Die Triebe der Fenchelknollen entfernen und die Knollen in Scheiben schneiden.

feine Scheiben schneiden. • Den Knoblauch schälen und zerdrücken. Die Petersilie fein hacken. • In einem Topf das Öl heiß werden lassen. Den Fenchel zusammen mit dem Knoblauch und der Petersilie kurz anbraten. Mit dem heißen Wasser oder der Brühe aufgießen. Aufkochen lassen. Mit Salz und Pfeffer würzen. Zugedeckt bei milder Hitze langsam 1 Stunde garen. • Die Brotscheiben inzwischen toasten, auf vorgewärmte Teller verteilen. • Bei Tisch die heiße Suppe darübergießen. Kenner essen diese Suppe ohne Käsezugabe.

Mein Tip Auch diese Suppe können Sie wie die »minestra di zucchini« (Rezept Seite 16) in konzentriertem Zustand einfrieren und so Sonderangebote nützen. Die Gemüsegeschäfte bieten manchmal am Wochenende nicht mehr ganz frische Ware billig an. Wenn Sie harte Blätter und braune Druckstellen großzügig entfernen, können Sie solchen Fenchel noch gut für die Suppe verwenden. Eventuell müssen Sie die Garzeit etwas verlängern.

Minestra alla Signora Anna

Suppe aus Bleichsellerie und Paprikaschoten

Anna wohnt an einem der schönsten Plätze Italiens, an der „Punta di Licosa", 100 Kilometer südlich von Neapel. Sie hat einen großen Garten und erntet ganzjährig Gemüse aller Art und frische Kräuter, woraus sie gerne kräftige Suppen bereitet.

500 g Zwiebeln · 250 g Paprikaschoten · 3–4 Stangen Bleichsellerie · 500 g Tomaten · 3 Eßl. Olivenöl · 1½ l Wasser · Salz · Pfeffer · 1 Eßl. Butter · 4 Weißbrotscheiben · geriebener Parmesankäse

● Zubereitungszeit: 1 Stunde

So wird's gemacht: Die Zwiebeln schälen, in Scheiben schneiden. Die Paprikaschoten waschen, halbieren, die Rippen und Kerne entfernen, grob zerteilen. Den Sellerie waschen, harte Stellen wegschneiden, die Fäden abziehen, in 3 cm lange Stücke teilen. Die Tomaten überbrühen, schälen, grob hacken. • In einem Topf das Öl heiß werden lassen, die Paprikaschoten, den Sellerie und die Zwiebeln ein paar Minuten anbraten, dann die Tomaten mit dem Saft dazugeben. • Zugedeckt bei kleiner Hitze 30 Minuten dämpfen lassen. Sobald das Gemüse weich ist, mit dem heißen Wasser aufgießen, salzen, pfeffern und noch 10 Minuten leicht kochen lassen. Inzwischen das Weißbrot in kleine Würfel schneiden und diese in der Butter goldgelb braten. Vor dem Servieren auf vorgewärmte Teller verteilen, reichlich Parmesankäse darüberstreuen und bei Tisch mit heißer Suppe übergießen.

Zuppa di cavolo alla calabrese

Kohlsuppe aus Kalabrien

Das Rezept habe ich von einer alten Marktfrau aus Kalabrien, die mir unbedingt einen riesigen Kohlkopf verkaufen wollte, obwohl ich überhaupt keine Verwendung dafür hatte.

1 kg Kohl (Wirsing) · Salz · 8 Weißbrotscheiben · 1 Eßl. Butter · 2 l gute Fleischbrühe · Pfeffer · geriebener Pecorino (Schafskäse)

Mein Tip Für dieses Rezept sollten Sie Pecorino verwenden. Es stammt aus einer Zeit, als die Bauern in Kalabrien noch keinen Parmesan kannten, während sie Schafskäse selbst herstellen konnten.

- Zubereitungszeit: Je nach Qualität des Gemüses 45 Minuten – 1 Stunde

So wird's gemacht: Den Kohlkopf in vier Stücke teilen, den Strunk und die harten Außenblätter entfernen, waschen und in leicht gesalzenem Wasser fast gar kochen. • Abseihen, auskühlen lassen und so auspressen, daß keine Kochflüssigkeit mehr zurückbleibt, dann in Streifen schneiden. • Die Brotscheiben auf beiden Seiten in der Butter rösten. • Die Fleischbrühe zum Kochen bringen, den Kohl darin 1/4 Stunde ziehen lassen, mit Pfeffer und Salz nachwürzen. • Die Brotscheiben auf vorgewärmte Teller verteilen, bei Tisch die heiße Suppe darübergießen. Mit Pecorino bestreuen.

Minestra di carne tritata

Mitternachts-Suppe

»Suppe aus Hackfleisch« müßte wörtlich übersetzt werden. Meine Gäste haben sie zur Mitternachts-Suppe ernannt, und sie hat sich als solche schon oft bewährt.

3 Tomaten · 1 Zwiebel · 1 Knoblauchzehe · 1 Karotte · 1 Stange Bleichsellerie · 1 Bund Petersilie · 50 g Speck · 250 g gemischtes Hackfleisch · 2 Eßl. Butter · 2 Eßl. Olivenöl · 1 1/2 l leichte Knochen- oder Würfelbrühe · Salz · Pfeffer · 200 g Hörnchen · 4 Eßl. geriebener Parmesankäse

- Zubereitungszeit: 1 Stunde und 30 Minuten

Mein Tip Es lohnt sich, mindestens die doppelte Menge anzusetzen, in wenig Brühe zu garen, dann die konzentrierten Portionen raumsparend einzufrieren. Bei Bedarf sind sie in heißer Brühe sofort aufgetaut. Sie kochen die Teigwaren und haben in einer halben Stunde zur Überraschung Ihrer Gäste ein Gericht, das sich mit jeder Gulaschsuppe messen kann.

So wird's gemacht: Die Tomaten, die Zwiebel und den Knoblauch schälen. • Mit der Karotte, dem Sellerie, der Petersilie und dem Speck so lange hacken oder wiegen, bis eine streichfähige Paste entsteht. • Unter das

Hackfleisch mischen. • In einem Topf 1 Eßlöffel Butter und das Öl heiß werden lassen. • Das Hackfleisch mit den Gemüsen 15 Minuten anbraten. • Mit der heißen, gut gewürzten Brühe aufgießen. Bei kleiner Hitze 1 Stunde kochen lassen. Bei Bedarf mit Salz und Pfeffer nachwürzen. • Die Hörnchen in der Suppe »al dente« kochen. Vor dem Servieren die restliche Butter und den geriebenen Parmesankäse unterrühren.

Minestra di riso e carne

Gemüsesuppe mit Reis und Fleisch

Diese herzhafte Suppe kocht man in den kalten nebligen Wintermonaten in der Gegend von Venedig. Von den Venezianern sagt man, daß sie zuerst den Reis »nell' acqua« (im Wasser) dann »nel vino« (im Wein) konsumieren.

50 g Speck · 1 Zwiebel · 1 kleine Dose Tomaten (500 g) · 2 Karotten · 2 Zucchini · 2 Kartoffeln · 2 Stangen Lauch/Porree · 250 g Rosenkohl · 2 Eßl. Butter · 2 Eßl. Olivenöl · 250 g Hackfleisch · 2 l Würfel- oder leichte Knochenbrühe · 150 g Reis · geriebener Parmesankäse

- Zubereitungszeit: 30 Minuten
- Garzeit: 1 Stunde und 20 Minuten

So wird's gemacht: Den Speck fein wiegen. Die Zwiebel schälen und in kleine Würfel schneiden. • Die Tomaten abseihen (den Saft auffangen), mit einer Gabel zerdrücken. • Das Gemüse waschen, nach Bedarf schälen. Die Karotten, die Zucchini und die Kartoffeln in Würfelchen, das Weiße der Lauchstangen in Ringe schneiden. Den Rosenkohl putzen. • In einem Topf 1 Eßlöffel Butter und das Öl heiß werden lassen. Den Speck, die Zwiebel, das Hackfleisch und die Tomaten 10 Minuten bei guter Hitze anbraten. Das restliche Gemüse und den Tomatensaft dazugeben. 10 Minuten dünsten lassen. • Mit der heißen Brühe aufgießen. Bei kleiner Hitze 1 Stunde kochen lassen. • Jetzt den Reis dazugeben und 20 Minuten in der Suppe garen. • Vor dem Servieren die restliche Butter und reichlich geriebenen Parmesankäse untermischen.

Mein Tip Da geschmacklich nichts über »hausgemachte« Brühe geht, sollten Sie Bouillon aus Knochen und Fleisch auf Vorrat kochen und – ungewürzt – portionsweise einfrieren.

Variante: Wenn Sie die Suppe noch ergiebiger haben wollen, geben Sie eine kleine Dose »fagioli borlotti« (bunte Bohnen) dazu. Statt Rosenkohl können Sie auch ein paar Kohlblätter (Wirsing) verwenden.

Minestrone alla bovisana

Dicke Gemüsesuppe aus Mailand

Bovisa heißt ein Stadtteil in Mailand. Es gibt viele alte Häuser dort, kleine Straßen mit zahllosen, winzigen Geschäften, bunte Wochenmärkte und einfache Leute, die einen Dialekt sprechen, der jedem Ortsfremden spanisch vorkommt. Dieses Rezept habe ich von einer freundlichen »portinaia« (Hausmeisterin) bekommen.

1 Tasse getrocknete weiße Bohnen · 2 Karotten · 2 Zucchini · 1/4 Kopf Kohl (Wirsing) · 1 große Kartoffel · etwa 2 l Wasser · 1 Eßl. Suppenwürze · 1 Zwiebel · 1 Knoblauchzehe · 1 Stange Bleichsellerie · 1 Bund Petersilie · 3 Zweige frisches Basilikum · 50 g Speck · 2 Eßl. Olivenöl · 1 kleine Dose Tomaten (500 g) · Salz · Pfeffer · 80–100 g Reis oder Hörnchen · 3 Eßl. geriebener Parmesankäse

- Zubereitungszeit: 30 Minuten (zuzüglich der Einweichzeit für die Bohnen)
- Garzeit: 3 Stunden

So wird's gemacht: Die Bohnen am Vorabend einweichen. • Die Karotten, die Zucchini und das Kraut putzen. Die Kartoffel schälen und in Würfel schneiden. Das Gemüse gut waschen. Dann die Karotten und die Zucchini in Scheibchen und das Kraut in Streifen schneiden. • Das ganze Gemüse in einen großen Suppentopf geben und mit dem Wasser bedeckt zum Kochen bringen. Die Suppenwürze darunterrühren und zugedeckt bei kleiner Hitze langsam kochen lassen. • Die Zwiebel und den Knoblauch schälen, mit dem Sellerie, der Petersilie, dem Basilikum und dem Speck zusammen ganz fein hacken oder wiegen. Die Tomaten mit einer Gabel zerdrücken. • In einer kleinen Kasserolle das Olivenöl erhitzen. Das Feingehackte 5 Minuten anbraten, die Tomaten mit dem Saft dazugeben, zusammen dünsten lassen. • Nach 15 Minuten zu dem Gemüse geben. Mit Salz und Pfeffer nachwürzen. Noch etwa 2 1/2 Stunden kochen lassen. • Etwa 20 Minuten vor Ende der Garzeit den Reis oder die Teigwaren in der Suppe »al dente« kochen. • Vor dem Servieren 1 Eßlöffel frische Butter und 3 Eßlöffel geriebenen Parmesankäse untermischen.

Varianten: Wenn Sie zu dem übrigen Gemüse noch 150 g Spinat und 3–4 Mangoldblätter, grob in Streifen geschnitten, dazugeben und ein paar frische Schweineschwarten mitkochen, haben Sie eine »minestra alla livornese«.
Man kann als dritte Version die Suppe ohne Reis oder Teigwaren fertig kochen. Pro Person eine Scheibe Weißbrot auf beiden Seiten in Butter rösten, auf die Suppenteller verteilen und mit »minestrone« übergießen. So nennt sie sich »minestra alla contadina«, nach Art der Bäuerin.

Stracciatella alla romana

Römische Eiersuppe

1 1/4 l Fleischbrühe · 4 Eier · 4 Eßl. geriebener Parmesankäse · 2–3 Eßl. Semmelbrösel · Muskat · Salz · Pfeffer

- Zubereitungszeit: 30 Minuten

So wird's gemacht: Die Brühe zum Kochen bringen. • Inzwischen in einer Schüssel die Eier mit einer Gabel gut verrühren, dann die Gewürze, den Käse und so viel Semmelbrösel untermischen, daß die Masse leicht flüssig bleibt. • Mit dem Schneebesen diese Masse in die Suppe schlagen, aufkochen lassen.

Nicht zum Sattessen – Pasta

Unter »pasta« versteht der Italiener ein Gericht aus Teigwaren, ob es »in brodo« (in Fleischbrühe) gekocht oder als »pasta asciutta« auf den Tisch kommt. Die Speisekarte bietet eine reiche Auswahl, von einfachen »spaghetti alla napoletana« bis zu »canelloni« oder »lasagne al forno«. Der deutsche Tourist hat seine Lieblingsgerichte, die er kennt und immer wieder bestellt. Daneben gibt es aber zahlreiche Variationen zum Thema »pasta«, die auch in Italien fast nur noch in der Familie zubereitet werden oder zu den Spezialitäten kleiner Trattorien zählen, deren Adresse Kenner nicht einmal den besten Freunden verraten. (Zeichnungen unten und Seite 33). Mit »pasta al tonno« oder »spaghetti alla palermitana« können auch Sie in Zukunft Ihre Gäste überraschen. »Canelloni, tortellini, ravioli und gnocchi« benötigen viel Zeit und Erfahrung. Wir werden uns daher vorerst darauf beschränken, diese besonderen »paste« in guten Lokalen zu genießen. »Lasagne al forno« können Sie dagegen ohne Schwierigkeit zu Hause nach dem Originalrezept für Ihre Freunde kochen.

Die italienische Hausfrau rechnet für 4 Personen etwa 400 g Teigwaren. Diese kocht sie in mindestens 4 l sprudelndem Salzwasser »al dente«. (1 Teelöffel Öl im Kochwasser verhindert, daß die Nudeln zusammenkleben.)

Was bedeutet »al dente«? »Il dente« heißt »der Zahn«, und dieser möchte Ihre Nudeln noch beißen können, das heißt, sie dürfen nicht nach deutschem Geschmack gar sein. Verlassen Sie sich also nicht auf die angegebenen Kochzeiten, sondern probieren Sie einige Minuten vorher eine Nudel. Hat sie noch einen harten Kern, ist es zu früh, läßt sie sich aber gerade gut beißen, gießen Sie die Teigwaren sofort in ein Sieb, lassen sie gut abtropfen und mischen sie in einer vorgewärmten Schüssel mit dem »sugo«.

Was bedeutet »sugo«? Das Wort ist schwer zu übersetzen. Sie sollten an eine dicke Sauce denken, die ihre Konsistenz durch ganz langes Kochen auf kleinster Flamme erreicht und auf jedes Bindemittel verzichtet. Vergessen Sie also bitte bei der Zubereitung Tomatenmark und Mehl, die viele Autoren angeben. Nehmen Sie stattdessen Tomaten aus der Dose und opfern Sie ein wenig Zeit; Ihre Gäste werden sich dann wie in Italien fühlen.

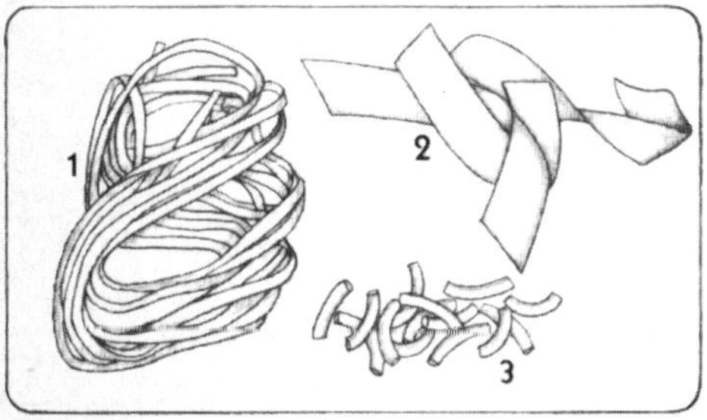

Verschiedene Nudelsorten:
1 Fetuccine 2 Bandnudeln 3 Hörnchen

Spaghetti alla carbonara

Spaghetti nach Art der Köhlersfrau
Bild Seite 18

Wir sind einmal vor Jahren bei einem unserer Streifzüge quer durch den Apennin auf Holzkohlenmeiler gestoßen. Ein altes, kleines Haus stand nicht weit davon. Es gab einen winzigen Gemüsegarten, ein paar Hühner; ein Schaf war angepflockt und eine Ziege. Ein Schwein suhlte sich in einer Pfütze – sonst nichts weit und breit. Da wurde mir klar, wie das uralte Rezept für »spaghetti alla carbonara« entstanden ist.

400 g Spaghetti · 150 g geräucherte Schweinebacke · 1 Knoblauchzehe · 2 Eßl. Schweineschmalz · 3 Eier · Salz · Pfeffer · je 2 gehäufte Eßl. geriebener Pecorino (Schafskäse) und Parmesankäse

- Zubereitungszeit: 30 Minuten

Mein Tip Das Schweineschmalz können Sie ohne weiteres durch Öl oder Butter ersetzen. Hat man keine geräucherte Schweinebacke zur Verfügung, kann diese gut durch mageren Räucherspeck ersetzt werden. In manchen Gegenden mischt man ein paar Eßlöffel Sahne (Süßrahm) unter die »pasta«.

So wird's gemacht: Die Spaghetti »al dente« kochen. In der Zwischenzeit die Schweinebacke in kleine Würfel schneiden, den Knoblauch schälen, ganz lassen. • In einer großen Pfanne das Schmalz erhitzen, den Knoblauch so lange braten, bis er braun wird, dann herausnehmen. • Jetzt die Speckwürfel langsam ausbraten. • Die Eier in einer Tasse gut verrühren, mit Salz und Pfeffer kräftig würzen. • Sobald die Nudeln gar sind, abseihen und in die Pfanne mit dem Speck geben. Gut verrühren. • Dann die Eier und je 1 Eßlöffel von dem Käse so lange mit den Spaghetti mischen, bis alle Nudeln mit einer gelben Creme überzogen sind. Den restlichen Käse unterrühren und auf vorgewärmten Tellern anrichten.

Spaghetti all'amatriciana

Spaghetti, wie sie die Frauen in Amatrice zubereiten

200 g abgelagerter, gut durchwachsener Speck · 1/2 Zwiebel · 5 Tomaten · 2 Eßl. Olivenöl · 1 Stück Peperoncino (kleine scharfe Paprikaschote) · Salz · 400 g Spaghetti · 100 g geriebener Pecorino (Schafskäse)

- Zubereitungszeit: 45 Minuten

So wird's gemacht: Den Speck in nicht zu kleine Würfel schneiden. Die Zwiebel schälen und fein hacken. Die Tomaten kurz in kochendes Wasser geben, schälen, grob zerteilen, dabei die Kerne entfernen. • In einer Kasserolle das Öl gut erhitzen, die Speckwürfel ausbraten, dann herausnehmen. • In dem Fett die Zwiebel nur weich dünsten, nicht braun werden lassen. Zuerst die Tomaten mit dem Peperoncino und nach 15 Minuten die Speckwürfel wieder dazugeben. Mit Salz würzen. • Die Spaghetti »al dente« kochen, abseihen. • In einer Schüssel mit der Sauce und der halben Menge Käse gut mischen. Heiß servieren, den restlichen Pecorino extra reichen.

Mein Tip »Pasta all'amatriciana« (man findet sie auch unter der Bezeichnung »alla Matriciana«) wird in ganz Italien gerne gegessen. Je nach Region werden andere Teigwaren, Maccheroni oder Bucatini, genommen.

Pasta alla bolognese

Nudeln mit Hackfleischsauce

Zahllose Restaurants in aller Welt führen diese Spezialität, die oft mit dem Originalgericht nur so weit verwandt ist, daß man für die Sauce Hackfleisch verwendet. Die gewünschte Konsistenz wird häufig durch Zugabe von Mehl und Tomatenmark in kurzer Zeit erreicht. Wenn Sie aber eine italienische Hausfrau fragen: »Was ist eigentlich das Geheimnis eines echten »ragù alla bolognese«, wird sie Ihnen antworten: »Kochen, kochen und noch einmal kochen lassen!« Die einzelnen Zutaten variieren auch in Italien je nach Familientradition.

1 Zwiebel · 1 Karotte · 1 Stange Bleichsellerie · 50 g Speck · 300 g gemischtes Hackfleisch · 300 g Tomaten · 100 g Butter · 1 Tasse trockener Rotwein · 1 Tasse kräftige Fleischbrühe · Salz · Pfeffer · Milch nach Bedarf · 500 g Teigwaren (Spaghetti, Bandnudeln) · geriebener Parmesankäse

- Zubereitungszeit: 45 Minuten
- Garzeit: 3 Stunden

So wird's gemacht: Die Zwiebel schälen, die Karotte schaben, den Sellerie putzen, mit dem Speck zusammen ganz fein hacken und gut unter das Fleisch rühren. • Die Tomaten schälen und pürieren. • In einer Kasserolle die Butter langsam erhitzen, das Fleisch anrösten, bis es die Farbe verloren hat, dann mit dem Rotwein aufgießen und fleißig rühren, bis dieser verdampft ist. • Jetzt ½ Tasse Brühe zugießen, bei kleiner Hitze langsam kochen lassen, dabei nach und nach den Rest der Brühe dazugeben. • Ist auch diese verdampft, die Tomaten untermischen, salzen, pfeffern und mit so viel Milch aufgießen, daß alles bedeckt ist. • Nun zugedeckt bei ganz milder Hitze 3 Stunden kochen lassen. Bei Bedarf mit etwas Brühe oder Milch verdünnen. • Spaghetti oder Tagliatelle verdi (Bandnudeln mit Spinat) »al dente« kochen, auf vorgewärmten Tellern anrichten, das Ragout darüber verteilen, mit geriebenem Parmesankäse bestreuen und sofort servieren.

Mein Tip Das »ragù« läßt sich gut im Römertopf zubereiten. Bei der langen Garzeit dieses Gerichtes ist es rationell, wenigstens die doppelte Menge davon zu kochen und die Hälfte für die Zubereitung von »lasagne al forno« (Rezept Seite 32) im Kühlschrank aufzubewahren. Ich halte mir immer einen Vorrat verschieden großer Portionen in der Kühltruhe, die ich Freunden als willkommenes Gastgeschenk mitbringen kann.

Spaghetti alla napoletana

Spaghetti mit Tomatensauce
Bild Titelseite

Teigwaren nach diesem schlichten klassischen Rezept zubereitet, sind bei Feinschmeckern jeden Alters sehr beliebt.

Eines der einfachsten »Pasta«-Gerichte ist »Spaghetti con aglio, olio e peperoncino«. Rezept auf dieser Seite. ▷

1 große Zwiebel · 1 Bund Petersilie · 3 Zweige Basilikum · 1 kleine Dose Tomaten (500 g) · 4 Eßl. Olivenöl · Salz · 1 Stück Peperoncino (kleine scharfe Paprikaschote, frisch oder getrocknet, siehe Zeichnung) · 400 g Spaghetti · 2 Eßl. Butter · geriebener Parmesankäse oder Pecorino (Schafskäse)

- Zubereitungszeit: 1 Stunde und 30 Minuten

So wird's gemacht: Die Zwiebel schälen und in feine Scheiben schneiden. Die Petersilie fein hacken. Das Basilikum grob zerkleinern. Die Tomaten mit einer Gabel zerdrücken. Das Öl heiß werden lassen, die Zwiebel leicht anbraten, die Kräuter und die Tomaten mit dem Saft dazugeben. Salzen und den Peperoncino zugeben. Zugedeckt bei ganz milder Hitze gut eindicken lassen. • Den Peperoncino vor dem Servieren entfernen. • Die Spaghetti »al dente« kochen, abseihen und gut abtropfen lassen, auf vorgewärmte Teller verteilen. Die Sauce und Butterflöckchen darübergeben, mit Parmesan bestreuen.

Mein Tip Im Sommer verwende ich gerne frische, reife italienische Sugotomaten (längliche Form). Wenn man sie kurz in kochendes Wasser taucht, lassen sich die Schalen leicht entfernen. Da zu dieser Jahreszeit auch Basilikum relativ preiswert auf dem Markt ist, koche ich immer eine große Menge »sugo alla napoletana«, die ich dann in kleinen Portionen einfriere. Diese lassen sich vor Gebrauch mit der Säge zerkleinern und werden mit 1 Eßlöffel Öl in einer Pfanne bei schwacher Hitze aufgetaut.

Spaghetti con aglio, olio e peperoncino

Spaghetti mit Knoblauch und scharfem Paprika
Bild gegenüber

Sieht man davon ab, Spaghetti »al burro« anzurichten, so ist dies wohl die einfachste Art, Teigwaren »all'italiana« zu servieren.
Verlangt Ihr Magen nach einem Kateressen, sollten Sie diese Version versuchen.

3 Knoblauchzehen · 1 Bund Petersilie · 5 Eßl. Olivenöl · 1 Peperoncino (kleine scharfe Paprikaschote, frisch oder getrocknet), nach Geschmack etwas weniger · 400 g Spaghetti · geriebener Parmesankäse oder Pecorino

- Zubereitungszeit: 30 Minuten

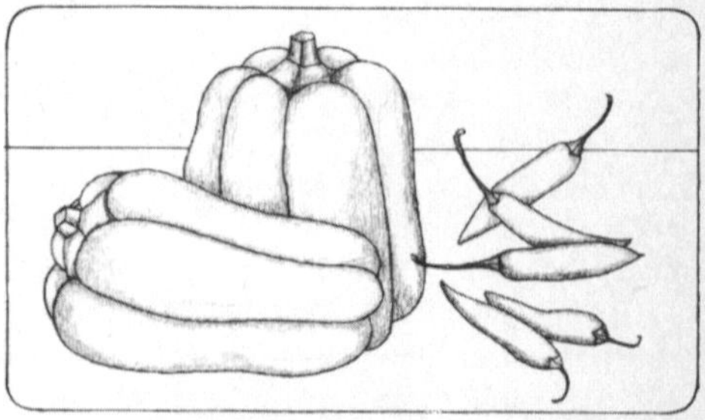

Links Gemüsepaprika, rechts Peperoncini, die kleinen scharfen Paprikafrüchte.

So wird's gemacht: Die Knoblauchzehen schälen, zerdrücken oder auspressen. Die Petersilie fein hacken. • In einer kleinen Pfanne das Öl heiß werden lassen, den Knoblauch

◁ Für »Lasagne al forno« braucht man etwas Zeit, sie läßt sich aber gut vorbereiten. Rezept Seite 32

und den Peperoncino bei ganz milder Hitze leicht anrösten (der Knoblauch darf nicht braun werden). • Gleichzeitig die Spaghetti »al dente« kochen, abseihen und gut abtropfen lassen. • Den Peperoncino aus dem Sugo entfernen. • In einer vorgewärmten Schüssel die Nudeln, die Petersilie und die Knoblauchsauce kräftig mischen. Sofort servieren. Dazu den Käse reichen.

Spaghetti alla palermitana

Spaghetti mit Gemüsepaprika und Auberginen

Wir haben diese Spezialität das erste Mal in einer Trattoria am Markt von Palermo gegessen. Wenn uns nun an trüben Wintertagen manchmal die Sehnsucht nach Sizilien überfällt, zaubert uns dieses Gericht die Illusion von Sonne und der Fülle und Farbe italienischer Märkte.

1 reife gelbe Paprikaschote · 1 mittelgroße Aubergine · 1 Dose Tomaten (500 g) · 10 schwarze Oliven · 1 Eßl. Kapern · 1 Knoblauchzehe · 5 Sardellenfilets · 4 Eßl. Olivenöl · 3 Zweige frisches Basilikum · Salz · Pfeffer · 500 g Spaghetti · geriebener Pecorino (Schafskäse)

● Zubereitungszeit: 1 Stunde

So wird's gemacht: Die Paprikaschote und die Aubergine waschen, abtrocknen. Die Schote vierteln, die Kerne entfernen und dann in feine Streifen schneiden. Die Aubergine und die Tomaten würfeln. Die Oliven entkernen, die Kapern klein hacken. • Die Knoblauchzehe schälen und mit den Sardellenfilets zusammen fein wiegen. • In einer Kasserolle das Öl heiß werden lassen, Aubergine, Tomaten, Knoblauch und Sardellen 10 Minuten bei mittlerer Hitze anrösten. • Dann die Paprikastreifen, die ganzen Basilikumblätter und die Oliven dazugeben. Mit Salz und Pfeffer würzen. Zugedeckt im eigenen Saft langsam gardünsten. • Nach der halben Garzeit die Nudeln »al dente« kochen, abseihen, in einer vorgewärmten Schüssel mit dem Gemüsesugo und dem geriebenen Käse gut mischen. Sofort servieren.

Mein Tip Das Gericht stammt aus einer Zeit, als man in Sizilien noch nicht überall den Parmesankäse beim Krämer um die Ecke kaufen konnte. Nur Schafskäse rundet den Geschmack richtig ab und Sie sollten ihn nicht durch Parmesankäse ersetzen.

Variante: Verwenden Sie die doppelte Menge an Paprikaschoten und Auberginen und kochen Sie das Gemüse mit den übrigen angegebenen Zutaten fertig. Es soll so eindicken, daß keine Flüssigkeit mehr übrig bleibt. Man läßt es auskühlen und verwendet es als »antipasto«. Da man das Gemüse gut einfrieren kann, sollte man eine größere Menge zubereiten, wenn das Gemüse preiswert ist.

Pasta e fagioli

Teigwaren mit Bohnen

Diese »pasta e fasoi«, wie der Venezianer sagt, steht bei uns oft auf dem Speiseplan. Das Gericht ist in verschiedensten Variationen in ganz Italien verbreitet. Ich gebe Ihnen hier mein Erfolgsrezept.

200 g getrocknete weiße oder noch besser bunte Burlottibohnen · 150 g gut durchwachsener Räucherspeck · 1 Zwiebel · 1 Karotte · 1 Stange Bleichsellerie · 2 Knoblauchzehen · 1 Dose Tomaten (500 g) · 3 Eßl. Olivenöl · Salz · Pfeffer · 300 g Hörnchen oder »Ditali« · geriebener Parmesankäse

- Zubereitungszeit: 1 Nacht zum Einweichen der Bohnen, Kochdauer für die Hülsenfrüchte je nach verwendetem Gerät 30 Minuten – 2 Stunden.
- Garzeit: 1 Stunde

<u>So wird's gemacht:</u> Die Bohnen über Nacht einweichen. Fast gar kochen, am besten im Dampftopf. • Den Speck in Würfel, die geschälte Zwiebel, die Karotte und den Sellerie in Scheiben schneiden. • Die Knoblauchzehen schälen und zerdrücken. Die Tomaten grob zerteilen. • In einer großen Kasserolle, die man auch zu Tisch bringen kann, das Öl heiß werden lassen. Zuerst den Speck anbraten, dann in dem Fett die Zwiebel, die Karotte und den Sellerie 10 Minuten rösten. • Die Tomaten mit etwas Saft dazugeben, mit Salz und Pfeffer würzen. Zugedeckt 30 Minuten leicht kochen lassen. • Die Bohnen abseihen, dabei etwas Kochwasser auffangen und zu dem Tomatensugo geben. Gut umrühren und bei milder Hitze eindicken lassen. • Inzwischen die Teigwaren »al dente« kochen, abgießen und unter das Bohnengemüse mischen. Zugedeckt 5 Minuten ziehen lassen. • Bei Tisch den geriebenen Parmesankäse und die Pfeffermühle bereitstellen.

Mein Tip Sie können, um Zeit zu sparen, die getrockneten Bohnen auch durch eine gute Konserve ersetzen. Dann gießen Sie zunächst nur die Flüssigkeit zum »sugo« und geben die Bohnen erst 10 Minuten vor Ende der Garzeit dazu.

Pasta e broccoli

Hörnchen mit Brokkoli

Aus dem Süden Apuliens habe ich diese aparte Variation zum Thema »pasta asciutta« mitgebracht.

5 Knoblauchzehen · 5 Sardellenfilets · 1½ kg Brokkoli (Spargelkohl) · 500 g nicht zu kleine Hörnchen oder »Ditali« · 5 Eßl. Olivenöl · 1 Stück Peperoncino (kleine scharfe Paprikaschote, frisch oder getrocknet) · Pfeffer

- Zubereitungszeit: ungefähr 1 Stunde

<u>So wird's gemacht:</u> Den Knoblauch schälen und mit den Sardellenfilets fein hacken. • Die Brokkoli putzen, in 3–5 cm lange Stücke teilen (dünne Stiele und Blüten werden schneller gar, darum empfiehlt es sich, dickere Teile

kürzer zu schneiden), waschen, in reichlich Salzwasser nicht zu weich kochen, abgießen und dabei das Kochwasser auffangen. Das Gemüse warm stellen. • Die Kochflüssigkeit,

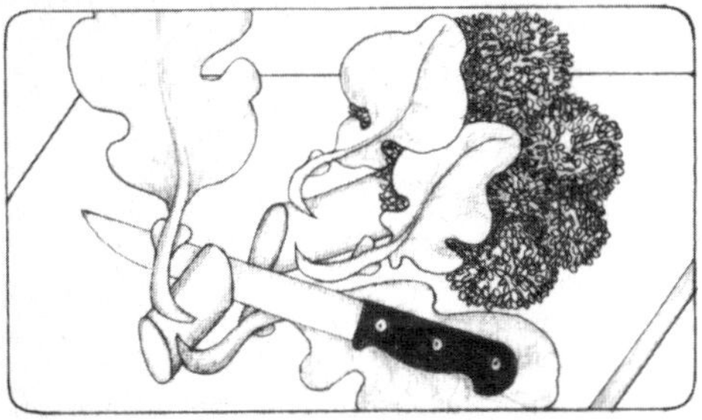

Brokkoli. Die Blätter und holzigen Teile des Strunks müssen entfernt werden.

wenn nötig, mit Wasser auf 5 l ergänzen, nachwürzen und darin die Hörnchen »al dente« kochen. • In der Zwischenzeit in einem Pfännchen das Öl erhitzen, die Sardellen, den Knoblauch und das Stück Peperoncino dazugeben. Langsam 15 Minuten bei kleiner Hitze ziehen lassen, dann das Stück Peperoncino entfernen. • Die Nudeln abseihen, in einer vorgewärmten Schüssel mit dem Gemüse und dem Sardellensugo gut mischen. Zugedeckt 5 Minuten stehenlassen, dabei einmal umrühren. • Beim Servieren die Pfeffermühle bereitstellen. Kenner nehmen keinen geriebenen Käse zu diesem Gericht.

Mein Tip Es ist wichtig, nur frische Brokkoli zu kaufen, ältere Ware wird leicht holzig und schmeckt bitter. Sie erkennen längere Lagerung an welken Blättern und gelben, schlaffen Blüten.

Variante: Die gekochten Brokkoli gut abtropfen lassen, noch warm mit Olivenöl, Pfeffer und Zitronensaft würzen und ausgekühlt als Beilage zu Fleischgerichten servieren. Sie können aber auch in einer Pfanne Butter leicht braun werden lassen und darin die gekochten Brokkoli kurz erwärmen. Sie streuen Parmesankäse darüber und bringen sie sofort als »antipasto« auf den Tisch.

Pasta al tonno

Spaghetti mit Thunfisch

Eines der zahlreichen Spaghettigerichte mit Thunfisch. Es ist schnell zubereitet und gut geeignet, unvorhergesehene Gäste zu bewirten.

2 Knoblauchzehen · 1 Bund Petersilie · 1 Dose Thunfisch in Öl · 2 Eßl. Olivenöl · 2 Eßl. Butter · 400 g Spaghetti · 1/4 l Sahne (Süßrahm) · 2 Eigelbe · 3 Eßl. geriebener Parmesankäse · Salz · Pfeffer

- Zubereitungszeit: 30 Minuten

So wird's gemacht: Den Knoblauch schälen, mit der Petersilie und dem Thunfisch zusammen fein hacken. • In einer kleinen Pfanne das Olivenöl und 1 Eßlöffel Butter erwärmen. • Das Gehackte dazugeben, unter fleißigem Rühren bei milder Hitze sanft köcheln lassen. • Gleichzeitig die Spaghetti »al dente« kochen. • Die restliche Butter erwärmen, zusammen mit der Sahne, den Eigelben und dem Parmesankäse in einem Schüsselchen verrühren. Mit Salz und frisch gemahlenem Pfeffer herzhaft abschmecken. • Die Spaghetti gut abtropfen lassen. In einer vorgewärmten Schüssel mit dem Thunfischsugo und dem Eierrahm mischen. • Sofort servieren. Die Pfeffermühle bereitstellen.

Lasagne al forno

Teigwaren mit Bologneser Ragout überbacken
Bild Seite 28

Dieses Gericht wird in vielen Gegenden Italiens als Auftakt zu einer festlichen Mahlzeit serviert und erfreut sich auch in hiesigen Spezialitätenlokalen großer Beliebtheit.

»Ragù alla bolognese« aus 300 g Hackfleisch (Rezept Seite 25) · Béchamelsauce aus 50 g Butter, 50 g Mehl, 1/2 l Milch, Salz, Pfeffer (kein Muskat) · 400 g Lasagne verdi (breite Blätter aus grünem Nudelteig) · zerlassene Butter · 1 Mozzarella (Weichkäse aus Büffelmilch) · 3 Eßl. geriebener Parmesankäse · Butterflöckchen

- Zubereitungszeit: 1 Stunde, dabei ist die Garzeit für das »ragù alla bolognese« nicht berücksichtigt.
- Garzeit: 30–40 Minuten

So wird's gemacht: Das Hackfleischragout zubereiten oder auftauen. Für die Béchamelsauce in einem Topf die Butter schmelzen, das Mehl unter ständigem Rühren leicht anschwitzen lassen, langsam die Milch zugießen, dabei mit dem Schneebesen kräftig schlagen, damit keine Klümpchen entstehen. Mit Salz und Pfeffer würzen. Kurz aufkochen lassen. Die Sauce darf nicht zu dick werden, bei Bedarf mit etwas Milch verdünnen. • Die Teigblätter nach Anweisung auf der Packung in reichlich Salzwasser (nur 3–4 Stück auf einmal) kochen, auf einem sauberen Küchentuch auslegen. • Den Backofen auf 180° vorheizen. Eine rechteckige flache Back- oder Auflaufform gut mit zerlassener Butter ausstreichen. Eine Lage Nudeln einfüllen. Löffelweise Hackfleisch- und Béchamelsauce darüber verteilen. Mozzarellastückchen dazwischen legen, mit frisch gemahlenem Pfeffer und geriebenem Parmesan würzen. So oft wiederholen, bis alle Zutaten aufgebraucht sind. Die letzte Nudelschicht muß gut mit Béchamelsauce bestrichen werden. Darüber verteilt man reichlich Butterflöckchen. Im vorgeheizten Backofen je nach Höhe der Lasagne 30–40 Minuten backen.

Mein Tip Sie können die »lasagne al forno« schon 1–2 Stunden vor dem Eintreffen der Gäste vorbereiten und kurz vor Gebrauch backen. Sie müssen aber darauf achten, daß keine Nudeln überstehen, sie trocknen sonst aus und bleiben dann hart. Kontrollieren Sie auch während des Backens, sollten Nudelenden herausragen, drücken Sie diese mit einer Gabel in die Sauce zurück.

Variante: Mozzarella kann man an bestimmten Wochentagen in italienischen Fachgeschäften, Feinkostläden, Märkten und Käseabteilungen größerer Kaufhäuser bekommen. Sie hält sich 2–3 Tage im Kühlschrank. Emmentaler oder ähnliche Käsesorten sind kein Ersatz. Sie können aber die Béchamelsauce aus 75 g Butter, knapp 75 g Mehl, 1/2 l Milch und 1/4 l Sahne kochen und 3 Eßlöffel Parmesankäse unterrühren.

Bucatini alla panna e gorgonzola

Nudeln mit Sahne und Gorgonzola

Dieses Rezept ist so einfach und köstlich, daß man sich fragt, warum sich italienische Köche hierzulande nicht öfter diese kleine Mühe machen, denn sie könnten damit bei ihren Gästen große Begeisterung auslösen.

400 g Teigwaren (Bucatini, Spaghetti oder Penne) · 200 g nicht zu reifer Gorgonzolakäse · 1 Eßl. Butter · 1/4 l Sahne (Süßrahm) · Salz · Pfeffer

- Zubereitungszeit: 30 Minuten

So wird's gemacht: Die Nudeln »al dente« kochen. • Inzwischen den Käse in kleine Würfel schneiden. • In einer Pfanne (sie soll so groß sein, daß später auch die gekochten Nudeln darin Platz haben) die Butter und die Käsewürfelchen bei milder Hitze erwärmen, bis der Gorgonzola geschmolzen ist. Langsam unter fleißigem Rühren 2/3 des Rahms dazugießen. Mit Salz und reichlich frisch gemahlenem Pfeffer würzen. Die Sauce leicht eindikken lassen. • Sobald die Nudeln »al dente« sind, gibt man sie, gut abgetropft, in die Pfanne, gießt den restlichen Rahm darüber, mischt mit 2 Gabeln durch und serviert die »pasta« in einer vorgewärmten Schüssel.

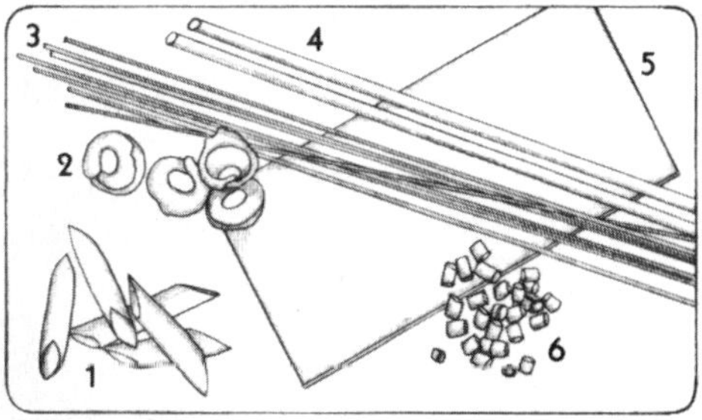

Verschiedene Nudelsorten:
1 Penne 2 Tortellini 3 Spaghetti 4 Maccheroni 5 Lasagne 6 Ditali

Mein Tip Unsere Freunde in Italien verwenden für diese Spezialität »penne«. Diese Nudeln heißen so, weil sie wie die Federkiele, die unsere Vorfahren benutzten, an den Enden schräg abgeschnitten sind. Bucatini sind dünne Maccheroni von der Länge normaler Spaghetti. Sie werden in unseren Geschäften eher geführt als die Penne. Sie müssen in Stücke gebrochen werden. Nudeln, die innen hohl sind, nehmen den delikaten Geschmack dieser Käsecreme besser auf. Notfalls kann man sie aber durch Spaghetti ersetzen.

Variante: Gorgonzola und Sahne kann man auch zu einem sehr feinen Dessert verarbeiten. Man kennt es in Italien unter dem Namen »gorgonzola alla panna«. 250 g Käse durch ein Sieb streichen, 1/8 l Sahne unterrühren, dann im Wasserbad erwärmen, bis eine glatte Creme entsteht. Abkühlen lassen. 1/4 l Sahne steif schlagen, vorsichtig mit der Käsecreme mischen, in eine viereckige Form füllen und im Gefrierfach mindestens 4 Stunden kühlen. Vor dem Servieren stürzen und mit Walnußhälften verzieren.

Reis und Mais

Diesem Kapitel möchte ich etwas mehr Aufmerksamkeit widmen, denn der »risotto« ist bei uns zu Unrecht kaum bekannt. Dabei ist er mit einiger Sorgfalt einfach zuzubereiten, benötigt wenig Zeit- und Arbeitsaufwand und kostet nicht viel. Große Vorschußlorbeeren, und warum so wenig Freunde?

Das Gericht ist eigentlich für Gaststätten kaum geeignet, und darum setzen es die italienischen Köche in Deutschland gar nicht erst auf ihre Speisekarte. Es gibt aber in Italien Gegenden, in denen viel Reis angebaut wird. Wenn Sie Glück haben und in einem italienischen Restaurant »risotto« bestellen, wenn er gerade gar ist, werden Sie eine kulinarische Köstlichkeit probieren können. Aber nur 5–10 Minuten später werden Sie Ihre Wahl bereuen. Ich koche »risotto« grundsätzlich nur für einen kleinen Kreis.

Beachten Sie bitte einige Grundregeln:
1. Verwenden Sie guten Rundkornreis, denn nur dieser kann die Würze der raffinierten »risotto«-Zubereitungen voll aufnehmen. In Italien wird eine eigene Sorte für »risotto« angebaut. Diesen Reis kann man auch bei uns in Fachgeschäften bekommen.
2. Geben Sie die benötigte Flüssigkeit immer kochendheiß und tassenweise nach Bedarf zu.
3. Verwenden Sie nur mittlere Hitze, so daß der Reis in 20–25 Minuten gar ist. Das Korn darf keinen harten Kern mehr haben. Das Gericht sollte jedoch am Ende nicht ganz trocken sein.
4. Servieren Sie »risotto« sofort!

»La polenta« mit Maisbrei zu übersetzen, wie das in vielen Kochbüchern geschieht, heißt die Kochkunst der Italiener auf das Niveau von Barbaren zu reduzieren. »Mais«, so heißt er auch im italienischen neben »grano turco«, soll um 1500 aus Spanien nach Venedig eingeführt worden sein und wurde bereits 50 Jahre später in Norditalien angebaut. Dort gibt es viele Lokale, die von Kennern besonders wegen ihrer Mais-Spezialitäten aufgesucht werden. Die Zubereitungsart der Polenta ist ganz einfach, erfordert aber Geduld.

Risotto alla milanese

Safranrisotto

Etwa um 1500 ließen sich reiche lombardische Fürsten verschiedene Speisen mit schierem Blattgold überziehen, dem ihre Leibärzte eine herzstärkende Wirkung zuschrieben. Damals sollen zwei berühmte Mailänder Spezialitäten entstanden sein, die »costoletta alla milanese«, nach neuester Forschung der direkte Vorfahr des Wiener Schnitzels und der »riso giallo«. Denn weniger reiche Bürger versuchten, Schnitzel mit Eigelb und »risotto« mit Safran zu »vergolden«. Safranrisotto eignet sich ausgezeichnet als Beilage zu Ossobuco (Rezept Seite 51).

1 Zwiebel · 100 g Butter · 30 g Rindermark · 300 g Reis · etwa 1 l kräftige Fleisch- oder Geflügelbrühe · 1 Messerspitze gemahlener Safran · 100 g geriebener Parmesankäse

- Zubereitungszeit: 45 Minuten

So wird's gemacht: Die Zwiebel schälen und in feine Scheiben schneiden, mit der Hälfte der Butter und dem Mark in eine Kasserolle geben und bei milder Hitze so lange braten, bis sie weich sind. Sie dürfen dabei nicht braun werden. • Den Reis dazugeben. Ein paar Minuten ziehen lassen. Mit einer Tasse kochender Brühe angießen. Ohne Deckel kochen. Sobald die Flüssigkeit aufgebraucht ist, nach und nach weitere Brühe dazugeben, bis der »risotto« gar ist. • Kurz vor Ende der Kochzeit den Safran in etwas Brühe auflösen und gut unter den Reis rühren. • Vor dem Servieren die restliche Butter und 3 Eßlöffel Parmesan untermischen. Den restlichen Käse extra reichen.

Mein Tip Man kann ein Glas Weiß- oder Rotwein einer trockenen Sorte zum Reis geben, verdampfen lassen und dann erst mit der Brühe aufgießen. Kenner ersetzen die Butter am Ende der Garzeit durch eine Tasse Sahne (Süßrahm).

Variante: 2 Eßlöffel getrocknete Pilze eine halbe Stunde einweichen, gut ausdrücken, grob hacken, mit dem Reis in die Kasserolle geben und nach Rezept weiter verfahren. Dieses Gericht nennt sich dann »risotto ai funghi«.

Risotto con zucchini

Zucchinirisotto

Ein leichtes Gericht, das auch im Sommer bei großer Hitze noch gerne gegessen wird.

50 g durchwachsener Speck · 1 Zwiebel · 1 Knoblauchzehe · 1 Bund Petersilie · 500 g kleine Zucchini · 50 g Butter · 300 g Reis · Salz · Pfeffer · etwa 1 l gute Fleischbrühe · 3 Eßl. geriebener Parmesankäse

- Zubereitungszeit: 45 Minuten

So wird's gemacht: Den Speck, die geschälte Zwiebel und den Knoblauch zusammen, die gewaschene Petersilie separat fein hacken. • Die Zucchini an beiden Enden abschneiden, waschen, abtrocknen und ungeschält in Scheiben schneiden. • In einer Kasserolle die Hälfte der Butter schmelzen, den Speck, die Zwiebel und den Knoblauch darin 5 Minuten anbraten. • Jetzt das Gemüse dazugeben, leicht anbräunen lassen. • Auf ganz kleiner Flamme den Reis so lange unterrühren, bis die Körner glasig geworden sind. Mit Salz und Pfeffer würzen, dann so viel kochende Fleischbrühe dazugießen, daß alles bedeckt ist. Ohne Dekkel kochen. Wenn alle Flüssigkeit verdunstet ist, so lange in kleinen Mengen Brühe dazugeben, bis der »risotto« gar ist. • Nach 20 Minuten die restliche Butter, Petersilie und Käse untermischen; sofort servieren.

Mein Tip Frische Zucchini sollen sich fest anfühlen, keine dunklen Flekken und eine glänzende Haut haben. Wählen Sie nicht zu große Früchte, diese sind manchmal überreif und enthalten Samen.

Variante: Verwenden Sie statt Speck 2 Eßlöffel Olivenöl und garen Sie die Zucchini ohne Reiszugabe langsam zugedeckt im eigenen Saft. Mit gehackter Petersilie bestreut schmecken sie gut zu Fisch oder Fleisch.

Der Brotteig für Pizza läßt sich mit etwas Sorgfalt und Zeit ohne Schwierigkeiten zubereiten. Hier die wichtigsten Arbeitsphasen von »Pizza Margherita«. Rezept Seite 43 ▷

Risotto con finocchi

Fenchelrisotto

Das Rezept stammt aus der Gegend von Padua.

1 Zwiebel · 500 g Fenchelknollen · 100 g Butter · Salz · Pfeffer · 300 g Reis · etwa 1 l gute Fleischbrühe · 3 Eßl. geriebener Parmesankäse

- Zubereitungszeit: 1 Stunde

So wird's gemacht: Die Zwiebel schälen und fein hacken. Die Fenchelknollen putzen, die Stiele abschneiden und die harten äußeren Blätter entfernen, dann das »Herz« in feine Scheiben schneiden, kurz mit kaltem Wasser abbrausen und in einem Sieb gut abtropfen lassen. • In einer Kasserolle $^3/_4$ der Butter schmelzen lassen, die Zwiebel leicht anbraten, die Fenchelscheiben zugeben, mit Salz und Pfeffer würzen und zugedeckt bei kleiner Hitze 15–25 Minuten (je nach Qualität des Fenchels) im eigenen Saft dünsten lassen. • Jetzt den Reis daruntermischen und so viel kochende Fleischbrühe dazugießen, daß alles bedeckt ist. Ohne Deckel kochen. Sobald die Flüssigkeit aufgebraucht ist, nach und nach Brühe zugeben, bis der »risotto« gar ist. • Nach etwa 20 Minuten die restliche Butter und den Parmesankäse leicht untermischen, sofort servieren.

Variante: Sie geben keinen Reis dazu und lassen das Gemüse zugedeckt langsam gardünsten. Ab und zu umrühren und nach Bedarf etwas Fleischbrühe dazugießen. Vor dem Servieren fein geschnittenes Fenchelgrün oder gehackte Petersilie darüberstreuen. So passen die Fenchelknollen gut zu gekochtem oder kurz gebratenem Fleisch.

Risi e porri

Porreerisotto

Auch aus unserem einheimischen Porree läßt sich ein köstlicher »risotto« zubereiten.

500 g Porree oder Lauch · 1 Knoblauchzehe · 3 Eßl. Olivenöl · 50 g Butter · Salz · Pfeffer · 300 g Reis · etwa 1 l gute Fleischbrühe · 3 Eßl. geriebener Parmesankäse

- Zubereitungsdauer: 1 Stunde

So wird's gemacht: Den Porree oder Lauch gut putzen, die grünen Teile und die Wurzeln abschneiden, die Stangen in 3 cm lange Stükke teilen, diese gründlich waschen und abtrocknen. • Den Knoblauch schälen und fein zerdrücken. • In einer Kasserolle das Öl und die Hälfte der Butter schmelzen lassen, den Knoblauch und den Porree dazugeben, mit wenig Brühe aufgießen und zugedeckt bei mittlerer Hitze (je nach Qualität des Gemüses) 20–30 Minuten dünsten. Mit Salz und Pfeffer würzen. • Den Reis untermischen, kurz ankochen lassen, dann so viel kochende Fleischbrühe aufgießen, daß alles bedeckt ist. Ohne Deckel kochen. Ist die Flüssigkeit verbraucht, nach Bedarf weitere Brühe dazugeben bis der »risotto« nach etwa 20 Minuten gar ist. • Jetzt die restliche Butter und den Käse leicht untermischen. Sofort servieren.

Variante: Ersetzen Sie in diesem Rezept den Knoblauch durch 1 feingehackte Zwiebel und verwenden Sie an Stelle von Lauch 500 g frischen Kohl (Wirsing), den Sie in feine Streifen schneiden, dann können Sie das Gericht als »risi e verze« servieren.

◁ Nach Ansicht von Kennern ist die Sauce das beste an diesem neapolitanischen Muschelgericht »Zuppa di cozze alla napoletana«. Rezept Seite 47

Risotto di fagioli

Bohnenrisotto

Ein bäuerliches Gericht, das im Friaul beheimatet ist und dort auf dem Lande unter dem Namen »riso e fasoi« als deftige Hauptmahlzeit auf den Tisch kommt.

150 g getrocknete weiße Bohnen · 1 Bund Petersilie · 1 Stange Bleichsellerie · 50 g Speck · 1 Zwiebel · 250 g Tomaten · 1 Eßl. Olivenöl · 2 Eßl. Butter · 300 g Reis Salz · Pfeffer · 1/2 Tasse Rotwein · etwa 1 l leichte Knochenbrühe · 3 Eßl. geriebener Parmesankäse

● Zubereitungszeit: 45 Minuten. Die Einweich- und Kochzeit für die Bohnen muß dazugerechnet werden.

So wird's gemacht: Die Bohnen über Nacht einweichen. Am besten im Dampftopf fast gar kochen. • Die Petersilie und den Sellerie waschen, mit dem Speck zusammen fein hacken oder wiegen. Die Zwiebel schälen und in Scheiben schneiden. Die Tomaten kurz in kochendes Wasser tauchen, schälen und grob

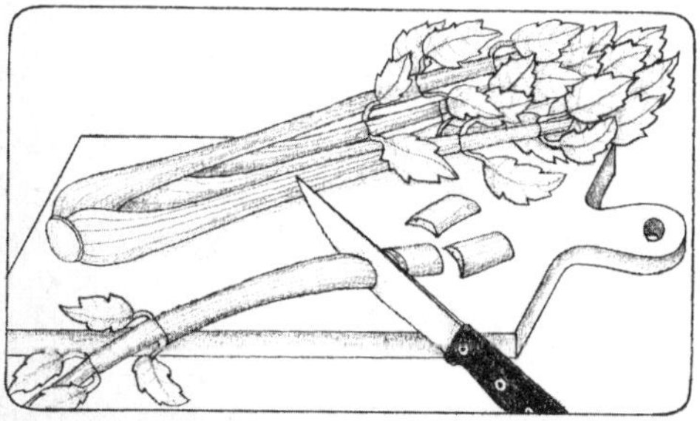

Die langen fleischigen Blattstiele sind die Hauptsache am Bleichsellerie.

zerkleinern. Die gekochten Bohnen abtropfen lassen. • In einer Kasserolle das Olivenöl und 1 Eßlöffel Butter heiß werden lassen. • Den Speck mit den Kräutern und den Zwiebelscheiben bei milder Hitze anbraten. Die Tomaten dazugeben. 15 Minuten eindicken lassen. • Dann die Bohnen und 5 Minuten später den Reis untermischen. Etwas anziehen lassen. Mit Salz und Pfeffer würzen. • Den Rotwein dazugeben. Bei milder Hitze ohne Deckel dünsten. Wenn der Wein verdampft ist, so viel kochende Knochenbrühe aufgießen, daß alles bedeckt ist. Sobald diese aufgebraucht ist, nach und nach weitere Brühe dazugeben, bis der »risotto« gar ist. • Nach etwa 20 Minuten die restliche Butter und den geriebenen Parmesankäse leicht untermischen, sofort servieren.

Mein Tip Wenn Sie Zeit sparen müssen, verwenden Sie eine Dose Bohnen und Würfel- statt Knochenbrühe.

Risotto di gamberi

Krabbenrisotto

»Ca' delle Anfore«, ein zauberhaftes Schlemmerlokal, liegt irgendwo im Hinterland von Venedig. Man bekommt keine Speisekarte, der Koch berät den verwöhnten Gast persönlich. Zu seinen Spezialitäten zählt auch dieser »risotto«.

400 g frische oder 250 g tiefgefrorene Krabben · 1 Bund Petersilie · 1 Zwiebel ·

150 g Butter · Salz · Pfeffer · 300 g Reis · 1/2 Tasse trockener Weißwein · etwa 1 l leichte Knochen- oder Fischbrühe

● Zubereitungszeit: 45 Minuten

So wird's gemacht: Frische Krabben eventuell schälen, tiefgefrorene Krabben leicht antauen lassen. • Die gewaschene Petersilie und die geschälte Zwiebel getrennt fein hacken. • In einer kleinen Pfanne 1 Eßlöffel Butter schmelzen, die Petersilie leicht anrösten, die Krabben dazugeben, salzen, pfeffern und zugedeckt im eigenen Saft etwa 10 Minuten dünsten. • In einer Kasserolle die restliche Butter erhitzen, die Zwiebel leicht anrösten, den Reis unterrühren, bis die Körner das Fett aufgenommen haben, zuerst mit dem Weißwein und, wenn dieser verdampft ist, mit der kochenden Brühe aufgießen, bis der Reis nach etwa 20 Minuten gar ist. Kurz vor Ende der Garzeit werden die Krabben untergemischt. Mit Pfeffer nachwürzen. Dieser »risotto« wird ohne Käsezugabe serviert.

Mein Tip Der Italiener ißt die Krabben gerne auf diese einfache Art zubereitet als »antipasto«.

Risotto alla veneziana

Hühnerrisotto nach venezianischer Art

1 Huhn oder Poularde von etwa 1 kg · 1 Bund Suppengrün · 1/2 Zwiebel · 1 Karotte · 1 Bund Petersilie · 1 Stange Bleichsellerie · 2 Eßl. Olivenöl · 100 g Butter · 1 Teel. Tomatenmark · 1 Tasse trockener Weißwein · Salz · Pfeffer · 300 g Reis · etwa 1 l Hühnerbrühe · 3 Eßl. geriebener Parmesankäse

● Zubereitungszeit: 1 Stunde (die Zeit, die Sie zur Herstellung der Hühnerbrühe benötigen, ist nicht berücksichtigt).

So wird's gemacht: Das Huhn in 8–10 Stücke teilen, sauber waschen und gut abtrocknen. • Aus Flügel, Hals und Innereien mit Suppengrün, Salz und Wasser möglichst im Dampftopf (dann geht es schneller) etwa 1 l Brühe kochen. • Die Zwiebel schälen, die Karotte schaben, die Petersilie und den Sellerie waschen. Dann die Gemüse und die Kräuter zusammen fein hacken. • In einer Kasserolle das Öl und die Hälfte der Butter erhitzen. • Zuerst das Huhn goldgelb anbraten, dann das gehackte Gemüse und die Kräuter dazugeben. • Nach 5 Minuten das Tomatenmark im Wein auflösen und über das Fleisch gießen. Mit Salz und Pfeffer würzen, zugedeckt etwa 15 Minuten (je nach Fleischqualität) halbgar schmoren. • Jetzt den Reis untermischen, kurz anziehen lassen, dann soviel kochende Brühe dazugeben, daß sie alles bedeckt. Ohne Deckel kochen. Ist die Flüssigkeit aufgebraucht, langsam weiter Brühe zugießen, bis der »risotto« gar ist. Vor dem Servieren die restliche Butter und den Käse untermischen.

Variante: Kurz vor Ende der Kochzeit mischen Sie in Butter gegarte Erbsen unter das Gericht, und schon haben Sie eine komplette Mahlzeit.

Polenta

Grundrezept für Maisgerichte

Knapp 1¹/₄ l Wasser · 1 gestrichener Eßl. Salz · 300 g Maisgrieß

- Zubereitungszeit: 1 Stunde

So wird's gemacht: In einem hohen Topf das Wasser aufkochen. Salzen. Den Maisgrieß mit einem Kochlöffel so langsam einrühren, daß dabei der Kochvorgang nicht unterbrochen wird und keine Klumpen entstehen. 45 Minuten bis 1 Stunde bei ganz milder Hitze garkochen, anfangs ununterbrochen, später in kurzen Abständen umrühren. Auf eine Platte oder ein Holzbrett stürzen und als Beilage zu Schmorbraten und Ragout servieren.

Mein Tip Verwenden Sie, wenn möglich, grob gemahlenen Maisgrieß. Er wird beim Kochen leichter fest und schmeckt kerniger. Manche italienischen Hausfrauen geben 1 Eßlöffel Olivenöl ins Kochwasser oder ersetzen die halbe Wassermenge durch Milch. Polenta eignet sich hervorragend als Beilage zu allen Wildgerichten.

Varianten: Man läßt die Polenta auskühlen, schneidet sie in Scheiben und kann sie dann – gebraten oder gegrillt – als Beilage zu Fleischgerichten verwenden oder im Ofen überbacken.
Frisch gekochte Polenta serviert man gerne mit in reichlich Butter gebratenen Zwiebelringen. Man kann auch dünne Speckscheiben in Öl ausbraten oder frische Salbeiblätter kurz im Bratfett ziehen lassen und dann über die Polenta gießen. Gerne wird Gorgonzola, mit Butter verrührt, zwischen zwei Lagen Polenta angerichtet. Wenn Sie »ragù bolognese« gekocht haben, servieren Sie es zur Abwechslung mit frischer Polenta und geriebenem Parmesan. Diese einfachen Gerichte finden Sie auf der italienischen Speisekarte vor dem Hauptgang. Mit einer Schüssel gemischtem Salat lassen sie sich aber auch vorzüglich zu einer kleinen Abendmahlzeit ergänzen.

Polenta alla panna

Polenta mit Sahne und Parmesankäse überbacken

Knapp 1¹/₄ l Wasser · 1 gestrichener Eßl. Salz · 300 g Maisgrieß · 200 g Butter · 200 g geriebener Parmesankäse · 200 g Sahne (Süßrahm)

- Zubereitungszeit: 1 Stunde und 15 Minuten

So wird's gemacht: Aus Wasser, Salz und dem Mais nach dem Grundrezept auf dieser Seite in 45 Minuten eine Polenta kochen. • In einem Pfännchen 150 g Butter leicht braun werden lassen. • Mit der restlichen Butter eine flache, feuerfeste Form dick auspinseln. Die halbe Menge Polenta einfüllen und mit einem Kochlöffel, den man in Wasser taucht, glattstreichen. Mit dem Parmesankäse bestreuen und die braune Butter darüberträufeln. Den Rest der Polenta in Scheiben schneiden und auf den Käse legen. Löffelweise den Rahm darübergießen und im vorgeheizten Ofen bei 200° 20 Minuten überbacken.

Polenta all'emiliana

Polenta mit Hackfleischragout und Mozzarella überbacken

Knapp 1¹/₄ l Wasser · 1 gestrichener Eßl. Salz · 300 g Maisgrieß · »Ragù alla bolognese« aus 300 g Hackfleisch (Rezept Seite 25) · 1 Mozzarella (Weichkäse aus Büffelmilch) · 2 Eßl. geriebener Parmesankäse · 50 g Butter

- Zubereitungszeit: 1 Stunde und 15 Minuten, dabei ist die Garzeit für das »ragù alla bolognese« nicht berücksichtigt.

So wird's gemacht: Das Hackfleischragout zubereiten oder auftauen. • Aus Wasser, Salz und dem Mais nach dem Grundrezept (Seite 41) in 45 Minuten eine Polenta kochen. • Die Mozzarella in feine Scheiben schneiden. • Eine flache, feuerfeste Form gut mit weicher Butter auspinseln. • Die halbe Menge Polenta einfüllen und mit einem Kochlöffel, den man in Wasser taucht, glattstreichen. • Die Hälfte des Ragouts darübergießen. Mit dem Parmesankäse bestreuen und mit einem Drittel der Mozzarellascheibchen belegen. • Den Rest der Polenta in Scheiben schneiden und damit die Füllung zudecken. • Ragout und Mozzarella darüber verteilen und im vorgeheizten Backofen bei 200° 20 Minuten backen.

Polenta con funghi

Polenta mit Pilzen

1 Knoblauchzehe · 300 g frische Pilze · knapp 1¹/₄ l Wasser · 1 gestrichener Eßl. Salz · 300 g Maisgrieß · 150 g Butter · Salz · Pfeffer · 50 g Mehl · ¹/₂ l Milch · 2 Eßl. geriebener Parmesankäse

- Zubereitungszeit: 1 Stunde und 30 Minuten

So wird's gemacht: Den geschälten Knoblauch zerdrücken. Die Pilze sauber putzen und in feine Scheiben schneiden. • Aus Wasser, Salz und dem Mais nach dem Grundrezept (Seite 41) in 45 Minuten eine Polenta kochen. • 20 Minuten vor Ende der Garzeit in einer Pfanne 50 g Butter erhitzen, den Knoblauch kurz anbraten, die Pilze dazugeben und bei milder Hitze garen. Mit Salz und Pfeffer würzen. • Inzwischen aus 50 g Butter, dem Mehl und der Milch eine Béchamelsauce (siehe Rezept für Lasagne Seite 32) zubereiten, mit Salz und Pfeffer würzen und den Parmesankäse unterrühren. • Eine flache, feuerfeste Form gut mit weicher Butter auspinseln. Die halbe Menge Polenta einfüllen und mit einem Kochlöffel, den man in Wasser taucht, glattstreichen. • Die Pilze gleichmäßig darauf verteilen. Die Béchamelsauce darübergießen. • Die restliche Polenta in Scheiben schneiden und damit die Füllung bedekken. • 50 g Butterflöckchen darüber verteilen und im vorgeheizten Ofen bei 200° 20 Minuten backen.

Variante: Man verwendet 500 g frische Pilze, die man, wie angegeben, gart und dann mit 2 Eßlöffeln feingehackter Petersilie mischt. Statt Béchamelsauce zu kochen, verrührt man 5 Eßlöffel geriebenen Parmesankäse mit ¹/₄ l Sahne. Die Hälfte dieser Mischung verteilt man über die Pilze, den Rest über die zweite Lage Polenta. Mit Butterflöckchen bestreut überbacken.

Pizza – eine runde Sache

Die Pizza hat längst einen festen Platz in vielen deutschen Haushalten. Für passionierte Anhänger der echten italienischen Küche möchte ich ein paar Originalrezepte angeben. Da der Küchenherd in jedem Falle ein schwacher Ersatz für den Holzbackofen bleibt, ißt sogar auch der Italiener seine Pizza lieber in einer Pizzeria.

Das Gericht hat eine lange Tradition. Es läßt sich heute nicht mehr feststellen, wann es entstanden ist. Von einem sehr beliebten Rezept, der »Pizza Margherita«, weiß man dies jedoch ganz genau: Wir schreiben das Jahr 1889. König Umberto I. verbringt mit seiner Gemahlin Margherita die Sommermonate in der Residenz von Capodimonte. Eines Tages bekommt die Königin Lust auf eine Pizza. Der Koch in ihrem Gefolge ist zwar ein Meister der piemontesischen und französischen Küche, versteht sich aber leider nicht auf die Zubereitung dieser süditalienischen Spezialität. Man holt in aller Eile einen gewissen Raffaele Esposito, der mit seiner Frau Rosa die beste Pizzeria in Neapel betreibt. Sie backen zwei traditionelle und eine ganz neue Pizza, die sie zu Ehren des Königshauses mit Tomaten, Mozzarella und Basilikum, das heißt in den Landesfarben, garnieren. Und diese Pizza schmeckt Königin Margherita am besten. Seit jenen Tagen kennt man sie überall unter dem Namen »Pizza Margherita«.

Die echte italienische Pizza wird mit Brotteig gemacht, den es bei jedem Bäcker in Italien zu kaufen gibt. Sie können ihn ohne Schwierigkeiten selbst zubereiten, wenn Sie etwas Sorgfalt und Zeit aufwenden.

Brotteig für die Pizza

20 g Hefe · etwa 6 Eßl. lauwarmes Wasser · 500 g Weizenmehl · 1/2 Teel. Salz · Öl oder Schweineschmalz zum Einfetten

So wird's gemacht: Die Hefe zerbröckeln, in 2–3 Eßlöffel lauwarmem Wasser auflösen und kurz stehenlassen. • Das Mehl mit dem Salz mischen, auf ein Backbrett sieben, in die Mitte eine Mulde drücken. • Die Hefe in die Mulde geben. Mit den Händen unter das Mehl arbeiten, dabei so viel Wasser dazugeben, daß ein weicher Teig entsteht. Man zieht ihn immer wieder vom Backbrett hoch und läßt ihn fallen, bis er sich leicht von den Händen löst und glatt und geschmeidig geworden ist. • Nun eine Kugel formen, diese mit dem Messer kreuzförmig einschneiden und leicht mit Mehl bestäuben. Mit einem Küchentuch zugedeckt bei Zimmertemperatur so lange gehen lassen, bis sich der Teig verdoppelt hat. • In der angegebenen Weise noch ein paar Minuten durcharbeiten, eine große oder vier kleine Pizzen formen, die nicht höher als 1/2 cm sein dürfen, den Rand dabei etwas hochziehen. • Auf das gut mit Öl oder Schweineschmalz bestrichene Backblech geben. Nach Rezept weiterarbeiten.

Pizza Margherita

Bild Seite 37

1/2 kg Brotteig · 300 g Tomaten · 1 Mozzarella (Weichkäse aus Büffelmilch) · je 1 Eßl. Basilikumblätter, Salz, geriebener Pecorino (Schafskäse) oder Parmesankäse und Olivenöl

So wird's gemacht: Die Tomaten schälen, die Kerne und den Saft entfernen, in Scheiben schneiden. • Die Mozzarella in feine Scheiben schneiden. Das Basilikum grob hacken. • Die Pizza bis 2 cm vom Rand mit Tomaten und Mozzarella belegen. Etwas Salz, das Basilikum und den geriebenen Käse darüberstreuen. • Mit dem Öl beträufeln und im gut vorgeheizten Backofen bei stärkster Hitze 25–30 Minuten backen.

Pizza alla Sarda

Pizza aus Sardinien

1 Zwiebel · 300 g frische oder eine Dose Tomaten (500 g) · 1 Mozzarella (Weichkäse aus Büffelmilch) · 6–8 Sardellenfilets · 2 Eßl. Schweineschmalz · Salz · 1/2 kg Pizzateig · 50 g geriebener Pecorino (Schafskäse) · 1/2 Teel. Oregano

So wird's gemacht: Die Zwiebel schälen, fein hacken. Die Tomaten kurz in kochendes Wasser geben, die Schale abziehen, halbieren, Saft und Kerne entfernen, grob zerkleinern. Wenn Dosentomaten verwendet werden, diese gut abtropfen lassen. Die Mozzarella in kleine Würfel schneiden. Die Sardellenfilets in Stükke teilen. • In einer kleinen Kasserolle 1 Eßlöffel Schweineschmalz heiß werden lassen, die Zwiebel bei milder Hitze 10 Minuten braten. Die Tomaten dazugeben, salzen. Die Hitze verstärken und die Tomaten im eigenen Saft so lange dünsten, bis die Sauce gut eingedickt ist. • Den Pizzateig auf das gut eingefettete Backblech geben. • Tomaten, Mozzarellawürfel und Sardellen darauf verteilen, dabei 2 cm Rand frei lassen. • Den Pecorino mit dem Oregano mischen, darüberstreuen. • Mit 1 Eßlöffel flüssigem Schweineschmalz beträufeln. • Im vorgeheizten Backofen bei guter Hitze 30–35 Minuten backen.

Mein Tip Sie können das Schweineschmalz bei diesem Rezept auch durch Olivenöl ersetzen.

Variante: Wenn Sie statt der Tomatensauce nur rohe, in Scheiben geschnittene Tomaten und statt Oregano fein gehacktes, frisches Basilikum verwenden, haben Sie eine »Pizza alla romana«.

Pizza »quattro stagioni«

Pizza »4 Jahreszeiten«

1/2 kg Miesmuscheln (auf geschlossene Schalen achten!) · 100 g Oliven · 2 Sardellenfilets · 3 Tomaten · 1/2 Mozzarella (Weichkäse aus Büffelmilch) · 100 g in Öl eingelegte Artischockenherzen · 1/2 kg Brotteig

So wird's gemacht: Die Muscheln unter fließendem Wasser gut bürsten, entbarten, in einer flachen Kasserolle ohne Wasser so lange erhitzen, bis sie sich öffnen, dann aus der Schale nehmen und abtropfen lassen. • Die Oliven entkernen, in Scheibchen schneiden. Die Sardellenfilets in kleine Stücke teilen. • Die Tomaten kurz in kochendes Wasser tauchen, schälen, achteln, die Kerne entfernen, gut abtropfen lassen. • Den Käse in Würfelchen schneiden. Die Artischockenherzen vierteln. • Den Brotteig auf dem gut eingefetteten Blech mit den Fingern glattdrücken. Mit einem Messer ein Kreuz auf die Pizza zeichnen und die vier Teile belegen. Den ersten mit den Muscheln, den zweiten mit Oliven und Sardellen, den dritten mit Tomaten und Käse und den letzten Teil mit den Artischocken. • Im vorgeheizten Ofen bei stärkster Hitze 20–25 Minuten backen.

Focaccia alla genovese

Brot nach Genueser Art

Olivenöl · Salz · 1/2 kg Brotteig

So wird's gemacht: Die Backform mit reichlich Olivenöl auspinseln. Salz darüberstreuen. • Den Teig mit den Fingern glattdrücken. Die Oberfläche mit einer Gabel in gleichmäßigen Abständen von 3–4 cm einstechen. Salz darüberstreuen und großzügig mit Öl beträufeln. • Im vorgeheizten Ofen bei stärkster Hitze 20 Minuten backen. • Ausgekühlt in Stücke schneiden und zu Rot- oder Weißwein servieren.

Mein Tip Nach Geschmack vor dem Backen Kümmel oder Oregano über die Focaccia streuen. Auch mit Knoblauchscheibchen oder halbierten Oliven, die man in den Teig steckt, kann man das Rezept variieren.

Calzone alla napoletana

Calzone ist der Name einer Spezialität neapolitanischen Ursprungs, die eng mit der Pizza verwandt ist. Heute findet man sie im Angebot fast jeder Pizzeria.

1/2 kg Brotteig (Rezept Seite 43) · 100 g Rohschinken · 200 g Mozzarella (Weichkäse aus Büffelmilch) · 200 g Ricotta (italienischer Frischkäse) · 1 Ei · 50 g geriebener Parmesankäse · Salz · Pfeffer · Schweineschmalz oder Olivenöl

- Zubereitungszeit: 1 Stunde und 30 Minuten

So wird's gemacht: Den Schinken und die Mozzarella in kleine Würfel schneiden. • In einer Schüssel den Frischkäse mit einer Gabel zerdrücken, das Ei, den Parmesankäse, die Schinken- und die Mozzarellawürfel dazugeben. Mit Salz und Pfeffer würzen, dann alle Zutaten gut vermengen. • Den Backofen auf 200° vorheizen. • Den Brotteig wie zu einer Pizza etwa 5 mm-dick rund ausrollen oder -drücken. Die eine Hälfte gleichmäßig mit der Fülle belegen, dabei einen fingerbreiten Rand frei lassen. Die andere Hälfte darüberklappen und die Ränder gut zusammendrücken. • Auf ein gefettetes Backblech geben, mit Schweineschmalz oder Öl bestreichen und im vorgeheizten Backofen 25–30 Minuten backen. Man kann aus dem Teig auch 4 kleine Scheiben formen und Portions-Calzoni zubereiten. Mancherorts formt man viele kleine Teigtaschen, die dann in heißem Öl gebacken werden.

Fisch – aus Süß- und Salzwasser

Wer einmal einen italienischen Fischmarkt besucht hat, weiß, warum man von »frutti di mare« (Meeresfrüchten) spricht. Lassen Sie sich durch Ungewohntes nicht abschrecken, wählen Sie »pesce«, wann immer er auf der Speisekarte angeboten wird.

Trota in umido

Forelle in Tomatensauce

Das Rezept stammt aus Bergamo und bietet Feinschmeckern, die nicht sehr viel von »Forelle blau« oder »nach Müllerin« halten, eine willkommene Abwechslung.

2 große oder 4 kleine Forellen, zusammen ungefähr 800 g · Saft von 1/2 Zitrone · Salz · 1 Knoblauchzehe · 1 Bund Petersilie · 1 Dose Tomaten (500 g) · 2 Eßl. Olivenöl · Pfeffer

- Zubereitungszeit: 1 Stunde

So wird's gemacht: Die Fische putzen, waschen, abtrocknen und mit dem Zitronensaft und etwas Salz innen und außen einreiben. • Die Knoblauchzehe schälen und zerdrücken. Die Petersilie fein hacken. Die Tomaten leicht abtropfen lassen und grob zerkleinern. • In einem feuerfesten Geschirr, das Sie auch auf den Tisch bringen können, das Öl heiß werden lassen, den Knoblauch, die Petersilie und fünf Minuten später die Tomaten dazugeben, mit Salz und Pfeffer würzen und langsam 1/2 Stunde einkochen lassen. • In der fertigen Sauce müssen die Fische je nach Größe 15 bis 25 Minuten zugedeckt garziehen. Ab und zu werden sie dabei mit einem Löffel Sauce übergossen.

Mein Tip Beachten Sie Sonderangebote! Tiefgekühlte Forellen gewinnen nach diesem Rezept sehr an Geschmack und zerfallen nicht. Durch die Sauce werden sie ergiebiger.

Variante: Ich habe auch schon Renken oder Heilbuttfilets nach diesem Rezept mit sehr gutem Erfolg zubereitet.

Pesce alla pizzaiola

Gebratene Fische mit pikanter Sauce
Bild Seite 55

»Alla pizzaiola« müßte man wörtlich »nach Art der Pizzabäckerin« übersetzen. Das gäbe hier keinen Sinn. Wenn Sie aber bedenken, daß ursprünglich die Pizza mit Tomaten, Sardellen und Öl gewürzt wurde, haben Sie die Parallele.

1 Bund Petersilie · 1 Knoblauchzehe · 4 Sardellenfilets · 4 Tomaten · 4 Portionsscheiben Kabeljau oder Rotbarsch, zusammen 800 g · Pfeffer · Salz · 4 Eßl. Olivenöl · 2 Lorbeerblätter

- Vorbereitungszeit: 2 Stunden
- Garzeit: 20 Minuten

So wird's gemacht: Die gewaschene Petersilie getrennt, den geschälten Knoblauch zusammen mit den Sardellenfilets fein hacken. • Die Tomaten kurz brühen, häuten, grob zerkleinern. • Den Fisch gut säubern, trocknen und mit Pfeffer und Salz einreiben. 2 Stunden in einer Marinade aus 2 Eßlöffeln Olivenöl, der gehackten Petersilie und den zerkleinerten Lorbeerblättern ziehen lassen, dabei öfter umwenden. • Inzwischen in einer kleineren Pfanne das restliche Öl erhitzen, den Knoblauch und die Sardellen kurz anrösten, die Tomaten dazugeben, salzen, pfeffern und die Sauce langsam eindicken lassen. • Die Fischstücke in dem Marinadenöl, aus dem man vorher den Lorbeer entfernt hat, 10 Minuten auf beiden Seiten bei kleiner Hitze braten, dann auf einer vorgewärmten Platte anrichten und mit dem cremigen »sugo« überziehen.

Zuppa di cozze alla napoletana

Mies- oder Pfahlmuscheln, wie man sie in der Gegend von Neapel gerne ißt
Bild Seite 38

2 kg frische Miesmuscheln (auf geschlossene Schalen achten!) · 5 Knoblauchzehen · 1 Bund Petersilie · 1 Dose Tomaten (1 kg) · 4 Eßl. Olivenöl · 1 Messerspitze gemahlener Peperoncino · Salz · 4–6 Weißbrotscheiben, dick geschnitten

- Zubereitungszeit: 1 Stunde
- Garzeit: 10 Minuten

So wird's gemacht: Die Muscheln unter fließendem kaltem Wasser gut bürsten und entbarten. • Den Knoblauch schälen und 4 Zehen mit der gewaschenen Petersilie fein hacken. Die Tomaten abtropfen lassen und mit einer Gabel zerdrücken. • In einem großen, niedrigen Topf das Öl heiß werden lassen, den Knoblauch und die Petersilie ganz kurz anbraten, dann die Tomaten dazugeben. Mit Peperoncino würzen, vorsichtig salzen (denn der Muschelsaft würzt zusätzlich). • Den Tomatensugo langsam eindicken lassen, dann alle Muscheln auf einmal untermischen. Jetzt die Hitze erhöhen und so lange kochen lassen, bis sich alle Schalen geöffnet haben, dabei fleißig umrühren. • Die Brotscheiben rösten oder toasten und mit der restlichen Knoblauchzehe einreiben. • Die Muscheln auf vorgewärmte tiefe Teller verteilen, den »sugo« darübergießen. Sofort servieren, das Knoblauchbrot dazu reichen. • Eine Pfeffermühle und Teller für die leeren Schalen bereitstellen.

Mein Tip Da man die Muscheln am besten mit der Hand ißt (auch feine Italiener machen es nicht anders), serviert man am Ende der Mahlzeit jedem Gast ein Schälchen mit lauwarmem Wasser, in dem eine Zitronenspalte schwimmt. Dazu gibt man eine Papierserviette. Mit dem gerösteten Brot tunkt man gerne die Sauce auf; sie ist nach Ansicht von Kennern das beste an diesem Gericht.

Merluzzo alla Lucia

Kabeljau mit Tomaten und Oregano

Dieses Rezept habe ich von Lucia, der Frau eines armen Landarbeiters, bekommen. Sie stammte aus einem winzigen Ort in der Nähe von Foggia.

1 kg Kabeljau am Stück · Salz · Pfeffer · Oregano · 1 Dose Tomaten (500 g) · 1 Bund Petersilie · 3 Eßl. Olivenöl

- Zubereitungszeit: 1 Stunde

So wird's gemacht: Den Fisch gut säubern, kurz waschen, abtrocknen, innen und außen kräftig mit Salz, Pfeffer und Oregano einreiben. • Die Tomaten leicht abtropfen lassen und vierteln. Die Petersilie fein hacken. • Den Fisch in einen flachen Schmortopf legen, mit dem Öl begießen, die Tomatenviertel darauf verteilen und zugedeckt im vorgeheizten Backofen bei mittlerer Hitze etwa 45 Minuten garen lassen. • Vor dem Servieren die frische Petersilie über den Fisch streuen.

Mein Tip Sie können nach diesem Rezept alle Seefische zubereiten, die beim Kochen nicht zu leicht zerfallen.

Fette di pesce alla calabrese

Fischscheiben auf kalabrische Art

1 Stange Bleichsellerie · 1 Bund Petersilie · 1 Karotte · 1 Zwiebel · 2 Sardellenfilets · 300 g Tomaten · 800 g Kabeljau, in 4 gleichmäßige Scheiben geschnitten · 1 gestrichener Eßl. Mehl · 2 Eßl. Olivenöl · 1 Eßl. Butter · Salz · Pfeffer

- Zubereitungszeit: 45 Minuten

So wird's gemacht: Den Sellerie und die Petersilie waschen, die Karotte schaben, die Zwiebel schälen, dann die Kräuter, das Gemüse, die Zwiebel und die Sardellenfilets zusammen fein hacken. • Die Tomaten kurz brühen, häuten und grob zerkleinern. • Die Fischscheiben waschen, abtrocknen und in Mehl wenden. • In einer großen, flachen Pfanne das Öl heiß werden lassen, darin die Fischscheiben auf beiden Seiten ganz kurz anbraten, herausnehmen und warm stellen. • Das Bratfett abgießen. • Jetzt die Butter in die Pfanne geben, Karotte, Zwiebel und Kräuter 5 Minuten anbraten, die Tomaten untermischen, mit Salz und Pfeffer würzen, zugedeckt etwa 1/4 Stunde langsam kochen lassen. • Jetzt die Fischstücke darauflegen, bei ganz milder Hitze 20 Minuten gardünsten, nach der halben Kochzeit einmal wenden.

Variante: 1 Zwiebel, 1 Bund Petersilie und 5 frische Salbeiblättchen (sie können durch 1 Messerspitze Salbeipulver ersetzt werden) zusammen feinhacken. Dann nach dem Rezept weiterarbeiten, jedoch mit den Tomaten noch zusätzlich 300 g (netto) frische oder tiefgekühlte Erbsen in die Pfanne geben. Dieses Gericht nennt sich dann »pesce ai piselli«.

Mein Tip Manchmal wird jetzt auch in Deutschland in großen Fischgeschäften oder Spezialabteilungen der Warenhäuser frischer Thunfisch angeboten. Lassen Sie sich die Gelegenheit nicht entgehen. Nach diesem Rezept zubereitet, schmeckt er vorzüglich.

Eine italienische »mamma« hatte früher oft viele hungrige Mäuler zu stopfen; denn um den großen Familientisch versammelten sich nicht nur zahlreiche »bambini«, sondern auch die Großeltern und mindestens eine ledige Tante oder ein anderer Verwandter. Sie mußte sich immer neue Möglichkeiten ausdenken, um mit wenig Fleisch alle diese Leute satt zu bekommen. So entstanden die köstlichen Ragouts aus Geflügel, Kaninchen und Lamm, aber auch die »stufati« und »brassati« (Schmorbraten), die Sie auf Ihrer nächsten Italienreise unbedingt versuchen sollten.

Grundsätzlich nimmt der Italiener Weißbrot zum Fleisch und wählt frischen Salat oder Gemüse als Beilage. Sie können alle Gerichte nach Wahl mit trockenem Reis, Kartoffelbrei oder »al dente« gekochten Teigwaren zu einer kompletten Mahlzeit ergänzen.

Saltimbocca alla romana

Kalbsschnitzel mit Schinken und Salbei

Diese Spezialität ist ein Gedicht, wenn man zur Zubereitung zartes Kalbfleisch, besten Rohschinken und frische Salbeiblätter verwendet. Die »saltimbocca«, wie man sie hierzulande manchmal in italienischen Lokalen anzubieten wagt, können dem Gast gar nicht in den Mund springen (so die wörtliche Übersetzung für »saltare in bocca«), weil sie durch die dicke braune oder weiße Sauce daran gehindert werden.

500 g Kalbsnuß · Salz · Pfeffer · 100 g gut durchwachsener roher Schinken in 4 Scheiben · 8 frische Salbeiblätter · 50 g Butter · 1 Tasse trockener Weißwein

- Zubereitungszeit: 20 Minuten

So wird's gemacht: Das Kalbfleisch in 8 handtellergroße, gleichdicke Schnitzel schneiden, diese leicht klopfen, mit Salz und Pfeffer würzen, mit je einer halben Schinkenscheibe und einem Salbeiblatt belegen, zusammenklappen oder -rollen und mit einem Zahnstocher feststecken. • In einer Pfanne, die so groß ist, daß alle Schnitzel darin Platz haben, 30 g Butter erhitzen, die Schnitzel auf beiden Seiten goldgelb braten, herausnehmen, den Zahnstocher entfernen, warm stellen. • Den Weißwein in die Pfanne gießen, bei guter Hitze fast ganz einkochen lassen. Den Bratenfond mit einem Kochlöffel gut vom Boden lösen. Die restliche Butter unterrühren. • Die Sauce über die Schnitzel geben und sofort servieren.

Variante: Wenn Sie die Kalbschnitzel mit je einer Scheibe magerem Speck und durchwachsenem Rohschinken belegen, zusammenrollen und in Schweineschmalz braten, nennt sich das Gericht »saltimbocca alla marchigiana«. Es kann mit oder ohne Salbei zubereitet werden.

Vitello con funghi

Kalbsfrikassee mit Pilzen

Die italienische Speisekarte bietet Kalbfleischgerichte in reicher Auswahl. Jeder Tourist kennt »scaloppine« oder »braciole«, die auf vielfältige Weise zubereitet werden. Man verwendet für diese köstlichen, zarten Schnitzelchen nur Kalbfleisch der allerbesten Qualität, das auch bei uns sehr teuer ist. Für das Frikassee aus der Florentiner Gegend kann die Hausfrau auf preiswertere Stücke vom Kalb ausweichen.

*300 g Mischpilze, frisch oder aus der Dose ·
1 Bund Petersilie · 1 1/4 kg Kalbsschulter oder -brust, in Ragoutstücke geschnitten ·
1 gestrichener Eßl. Mehl · 3 Eßl. Butter ·
etwa 1/2 l leichte Knochen- oder Würfelbrühe ·
Salz · Pfeffer · Muskatnuß ·
1 Lorbeerblatt · 3 Zweige frischer oder
1 Messerspitze getrockneter Thymian ·
1 Eßl. Olivenöl · 3 Eigelbe · Saft von
1/2 Zitrone*

Mein Tip Ich verwende zu diesem Gericht gerne Hallimasch, die man im Herbst oft reichlich ernten und gut einfrieren kann. Champignons sind nur im Notfall Ersatz, da das Rezept auf Pilze mit kräftigem Aroma abgestimmt ist.

- Zubereitungszeit: 30 Minuten
- Garzeit: 1 Stunde und 30 Minuten

So wird's gemacht: Die Pilze sauber putzen, kurz mit kaltem Wasser abspülen (die Dosenpilze abtropfen lassen). In Scheibchen schneiden. Die Petersilie fein hacken. • Das Fleisch kurz waschen, abtrocknen und mit dem Mehl bestäuben. • In einer Kasserolle 2 Eßlöffel Butter erhitzen, darin die Ragoutstücke nur leicht anbraten. Sie dürfen keine Farbe bekommen. • Mit so viel Brühe angießen, daß sie knapp bedeckt sind. Mit Salz, Pfeffer und geriebener Muskatnuß würzen. • Die Petersilie, das Lorbeerblatt und den Thymian dazugeben. 1 1/2 Stunden bei ganz milder Hitze köcheln lassen. • Inzwischen in einer Pfanne das Olivenöl gut erhitzen und die Pilze so lange braten, bis die ganze Flüssigkeit verdampft ist. • Kurz bevor das Fleisch gar ist, das Lorbeerblatt und die Thymianzweige aus der Kasserolle entfernen. Die Pilze zum Fleisch geben und noch ein paar Minuten ziehen lassen. • In einer Tasse die Eigelbe mit dem Zitronensaft verquirlen, dann gut unter das Fleisch rühren. Den Topf vom Herd nehmen. Die restliche Butter untermischen und sofort servieren.

Polpetone alla toscana

Hackbraten auf toskanische Art

Dieses Gericht ist eine aparte Variante unseres »falschen Hasens«.

*2 Eßl. Trockenpilze · 150 g Weißbrot ·
1/4 l Milch · 1 Dose Tomaten (500 g) · 50 g roher Schinken · 1 kg gemischtes Hackfleisch · 50 g geriebener Parmesankäse ·
2 Eier · Salz · Pfeffer · Semmelbrösel ·
3 Eßl. Olivenöl · 1 Tasse trockener Rotwein*

- Zubereitungszeit: 30 Minuten
- Garzeit: 1 Stunde und 30 Minuten

So wird's gemacht: Die Pilze in lauwarmem Wasser und das Weißbrot in der Milch einweichen. • Die Tomaten abtropfen lassen und mit einer Gabel zerdrücken. • Den Schinken fein wiegen. • In einer Schüssel das Fleisch mit dem Schinken, dem ausgepreßten Weißbrot, dem Parmesan und den Eiern gut mischen, mit Salz und Pfeffer kräftig würzen. • Einen Hackbraten formen und in Semmelbrösel wälzen. • In einer flachen Kasserolle das Öl erhitzen und den Braten von allen Seiten leicht anbräunen. • Dann nach und nach mit dem Wein begießen. Ist dieser verdampft, die Tomaten und die gut ausgedrückten Pilze dazugeben, eventuell etwas nachwürzen. • Zugedeckt ganz langsam 1 1/2 Stunden schmoren lassen, dabei den Braten von Zeit zu Zeit mit der Sauce beträufeln.

Mein Tip Hackfleisch wird oft preiswert angeboten. Da der »polpetone« auch kalt gut schmeckt, sollte man immer etwas mehr zubereiten und das Rezept entsprechend abwandeln. Es empfiehlt sich dann aber, zwei Braten zu formen, die beim Umwenden in der Pfanne nicht so leicht zerbrechen.

Ossobuco alla milanese

Kalbshaxe nach Mailänder Art
Bild Seite 56

Woran denken Sie, wenn Sie das Wort »Mailand« hören? An den Dom, die Fiera, vielleicht an das Fußballstadion San Siro, ganz bestimmt aber an »ossi buchi«. Die sind allein schon eine Reise wert.

1 Kalbshaxe · Mehl · 1/2 Zwiebel · 2 Tomaten · 50 g Butter · 1 Tasse Weißwein · Salz · Pfeffer · 1 ungespritzte Zitrone · 1 Bund Petersilie · 2 Sardellenfilets

- Zubereitungszeit: 2 Stunden

So wird's gemacht: Die Kalbshaxe vom Metzger in 4–5 cm dicke Stücke sägen lassen. Diese waschen, gut abtrocknen und in Mehl wälzen. Die Zwiebel schälen und in Scheiben schneiden, die Tomaten kurz in heißes Wasser tauchen, abschälen und kleinschneiden. • In einer Pfanne die Butter erhitzen, die Zwiebelscheiben braten, bis sie schwach braun sind, dann herausnehmen. • Das Fleisch in der Butter auf beiden Seiten kurz anbraten. Die Zwiebelscheiben und die geschälten Tomaten dazugeben. Mit Weißwein angießen. Mit Salz und Pfeffer würzen. Zugedeckt bei milder Hitze garkochen lassen, dabei die Fleischstücke ab und zu umwenden. Bei Bedarf etwas Wasser nachgießen. • Inzwischen die Zitrone ganz dünn abschälen, die Schale mit der Petersilie und den Sardellenfilets zusammen fein wiegen und 10 Minuten vor Ende der Kochzeit zum Fleisch geben.

Mein Tip Die klassische Beilage zu »ossobuco« ist der »riso giallo«, ein »risotto«, der mit Safran gewürzt ist. Sie finden das Rezept auf Seite 34.

Variante: Beinscheiben vom Jungrind können auch so zubereitet werden. Dafür werden 2 in Scheiben geschnittene Möhren und ein Zweig Stangensellerie mit der Zwiebel angebraten. Dies Gericht hat aber eine längere Garzeit.

Manzo alla nonna

Rinderschmorbraten
nach Großmutters Art

Die Italiener verstehen sich vorzüglich auf das Schmoren von Rindfleisch. Sie verwenden für diese Art der Zubereitung auch weniger teure Stücke, die durch die lange Garzeit schön weich und saftig werden.

600 g Rinderschulter · 50 g roher Schinken · 50 g stark gewürzte Paprikahartwurst · 50 g Speck · 500 g Zwiebeln · 2 Karotten · 2 Stangen Bleichsellerie · 2 Knoblauchzehen · 2 Eßl. Olivenöl · 2 Eßl. Schweineschmalz · 1 kleine Dose Tomaten (500 g) · heißes Wasser · Salz · Pfeffer

- Zubereitungszeit: 30 Minuten
- Garzeit: 2 Stunden und 30 Minuten

So wird's gemacht: Das Fleisch waschen, abtrocknen und mit Küchengarn so binden, daß es die Form behält. • Den Schinken, die Wurst und den Speck ganz fein hacken oder wiegen. • Die Zwiebeln schälen, die Karotten schaben, den Sellerie putzen und waschen, und den Knoblauch ebenfalls schälen und alles in feine Scheiben schneiden. • In einer Kasserolle, die so groß ist, daß der Braten hineinpaßt, das Öl, das Schmalz, den Speck mit der Wurst und dem Schinken zusammen anbraten, dann das geschnittene Gemüse und die Tomaten mit dem Saft dazugeben. • So viel heißes Wasser angießen, daß alles bedeckt ist, das Fleisch darauflegen und zugedeckt bei ganz kleiner Hitze schmoren lassen. Dabei den Braten ab und zu umdrehen. • Sobald das Wasser verdampft ist, die Zwiebel-Gemüse-Mischung vom Boden der Kasserolle schaben, sie soll leicht braun und weich sein. • Jetzt salzen und pfeffern. Etwa 1 Tasse heißes Wasser dazugeben. 15 Minuten weiterschmoren lassen. • Den Braten herausnehmen, in fingerdicke Scheiben schneiden. Schuppenförmig auf einer vorgewärmten Platte anrichten. Mit ein paar Löffeln Sauce begießen.

Mein Tip Die restliche Sauce gibt mit »al dente« gekochten Teigwaren ein neues Gericht. Es wird, mit Parmesan bestreut, gerne vor dem Braten gereicht. »Manzo alla nonna« eignet sich vorzüglich zum Einfrieren.

Variante: Ich verwende für dieses Rezept auch Hirschschulter. Sie wird zart und saftig, auch wenn das Stück nicht vom allerjüngsten Tier stammt. Die Sauce, mit einem Stück Butter und ein paar Eßlöffeln Sahne (Süßrahm) verlängert, gibt mit »al dente« gekochten Bandnudeln und geriebenem Parmesan eine im Piemont besonders beliebte Spezialität.

Brasato al vino

Rindfleisch, in Rotwein geschmort

Man sagt, die Piemonteser reden nicht gerne, widmen sich dafür aber zum Ausgleich mit großem Ernst ihrer Kochkunst. An Knoblauch wird nie gespart, aber auch die Trüffel ist Bestandteil vieler Rezepte.

1 Zwiebel · 2 Karotten · 2–3 Knoblauchzehen · 1 großes Bund Petersilie · 2 Stangen Bleichsellerie · je 1 Teel. frische Rosmarin-

und Salbeiblätter · 50 g Speck · 750 g Rindfleisch von der Keule · Mehl · 2 Eßl. Butter · 2 Eßl. Olivenöl · Salz · Pfeffer · Muskatnuß · 2 Lorbeerblätter · 1 Messerspitze getrockneter Thymian · 1 Prise Zucker · 1/2 l Barolo (Rotwein)

- Zubereitungszeit: 45 Minuten
- Garzeit: 3 Stunden

So wird's gemacht: Die Zwiebel schälen und mit den geputzten Karotten in Scheiben schneiden. • Den geschälten Knoblauch zerdrücken. • Die Petersilie, den Sellerie, die Rosmarin- und die Salbeiblättchen ganz fein hacken. • Den Speck in Spickstreifen schneiden. • Das Fleisch waschen. Leicht abtrocknen. Mit dem Speck spicken (dazu eine Spicknadel verwenden oder einfach mit einem kleinen, sehr scharfen Messer Schlitze in das Fleisch stechen und mit den Speckstreifen füllen). Mit Küchengarn festbinden, daß der Braten beim Schmoren die Form behält. Gut in Mehl wälzen. • In einer Kasserolle die Butter und das Olivenöl heiß werden lassen. Die Zwiebelscheiben kurz anbraten, dann das Fleisch darauflegen. Den Knoblauch, die Karotten und die gehackten Kräuter dazugeben. Mit Salz, Pfeffer, etwas geriebener Muskatnuß, den Lorbeerblättern, dem Thymian und einer Prise Zucker würzen. So lange braten, bis das Fleisch rundherum eine leichte Kruste hat. • Mit einer Tasse Wein aufgießen, den Fond vom Boden der Kasserolle lösen. Das Fleisch ein paarmal wenden, bis der Wein verdampft ist. Den restlichen Barolo dazugeben. Zugedeckt bei ganz milder Hitze 3 Stunden schmoren lassen. • Nach Ende der Garzeit den Braten herausnehmen, in fingerdicke Scheiben schneiden. Warm stellen. • Die Sauce, wenn nötig, bei starker Hitze eindampfen, durch ein Sieb streichen, nachwürzen. Über das Fleisch gießen. Sehr heiß servieren.

Mein Tip Wenn Sie keinen Barolo oder entsprechenden italienischen Rotwein haben, verwenden Sie eine gute französische Sorte. Die frischen Rosmarin- und Salbeiblätter können notfalls durch getrocknete Gewürze ersetzt werden. Davon jedoch nur je einen halben Teelöffel nehmen. Der Brasato läßt sich gut im Römertopf zubereiten. Servieren Sie ihn nach piemonteser Art mit frisch gekochter Polenta (Rezept Seite 41).

Costolette di maiale

Schweinekoteletts

Sie müssen nicht immer scharf gebraten oder gegrillt werden.

2 Knoblauchzehen · 1 Bund Petersilie · 4 daumendicke, gleichmäßig geschnittene Schweinekoteletts · 3 Eßl. Olivenöl · je 1 gestrichener Teel. Salbei- und Rosmarinpulver · Salz · Pfeffer · 2 Eßl. Butter · 1 Tasse trockener Weißwein

- Zubereitungszeit: 45 Minuten

So wird's gemacht: Den Knoblauch schälen, zerdrücken oder auspressen. Die Petersilie fein hacken. • Das Fleisch kurz waschen, gut

Dieses Fischgericht heißt wegen der für Pizza typischen Zutaten wie Tomaten, Sardellen und Öl »Pesce alla pizzaiola«. Rezept Seite 46 ▷

abtrocknen. • Auf einem kleinen Teller aus 1 Eßlöffel Öl, dem Salbei, dem Rosmarin und frisch gemahlenem Pfeffer eine Gewürzmischung herstellen und damit die Koteletts auf beiden Seiten gut einreiben. • In einer Bratpfanne, die groß genug ist, daß alle 4 Koteletts nebeneinander Platz haben, die Butter und das restliche Olivenöl heiß werden lassen und darin das Fleisch auf beiden Seiten nicht zu scharf anbraten, dann aus der Pfanne nehmen und warm stellen. • Den größten Teil des Bratfettes abgießen (es kann anderweitig verwendet werden). Die Hitze reduzieren. $^{2}/_{3}$ des Weißweines in die Pfanne geben und das Fleisch darin langsam 20 Minuten dünsten. Dabei mehrmals wenden. • Zum Anrichten die Koteletts auf einer vorgewärmten Platte anordnen. Den restlichen Wein in die Bratpfanne geben, den Fond ablösen. Bei starker Hitze so weit eindampfen lassen, daß nur 2–3 Eßlöffel sirupartiger Sauce übrigbleiben. Die gehackte Petersilie untermischen, über das Fleisch geben und sofort servieren.

Mein Tip Ich verwende für das Rezept gerne Schweinenacken. Er ist billiger als Stielkoteletts, das Fleisch bleibt schön saftig, und das überschüssige Fett wird ohnehin abgegossen. Man kann nach diesem Rezept auch einen Schmorbraten zubereiten. In diesem Falle gießt man den Wein auf einmal zu und läßt ihn langsam verdampfen. Dabei wird das Fleisch ein paarmal gewendet. Dann löst man 1 Eßlöffel Tomatenmark in 1 Tasse Brühe und gießt damit den Braten auf. Zugedeckt bei milder Hitze garen. Bei Bedarf noch Brühe dazugeben.

Stufato di maiale alla zia Maria

Schweineschmorbraten

Dieses Rezept stammt aus der Lombardei.

5 frische Salbeiblättchen oder 1 Messerspitze getrockneter Salbei · 2–3 Knoblauchzehen · 750 g Schweineschulter ohne Knochen · Salz · Pfeffer · etwas Mehl · 3 Eßl. Olivenöl · 1 kleine Dose Tomaten (500 g)

- Zubereitungszeit: 30 Minuten
- Garzeit: 1 Stunde und 30 Minuten

So wird's gemacht: Den Salbei fein hacken. Den Knoblauch schälen, ganz lassen. • Das Fleisch kurz waschen, gut abtrocknen. Mit Salz und Pfeffer einreiben. Mit Küchengarn binden, dann in Mehl wälzen. • In einer Kasserolle das Öl zusammen mit dem Salbei und dem Knoblauch erhitzen, bis der Knoblauch leicht gelb wird. Das Fleisch dazugeben und von allen Seiten gut anbraten. Die Knoblauchzehen entfernen. • Die Tomaten mit dem Saft in die Kasserolle geben. Mit Salz und Pfeffer nachwürzen. Zugedeckt bei kleinster Hitze langsam schmoren lassen. Den Braten mehrmals wenden. • Am Ende der Garzeit die Hitze etwas steigern und so die Sauce, falls es nötig sein sollte, eindicken lassen. Wenn die Tomaten nicht genug Saft abgeben, und die Flüssigkeit während des Schmorens nicht ausreicht, mit ein paar Eßlöffeln Brühe ergänzen. • Vor dem Servieren den Bindfaden entfernen. Das Fleisch in Scheiben schneiden. Kurz in der Sauce ziehen lassen. Sehr heiß auf vorgewärmter Platte anrichten.

◁ Eines der ganz bekannten klassischen Gerichte ist »Ossobuco alla milanese«. Rezept Seite 51

Stufato di maiale alla veneziana

Schweinefleisch, in Milch geschmort

Die mediterrane Großfamilie beherbergt manchmal vier Generationen unter einem Dach. Vielleicht liegt es daran, daß die italienische Küche so viele Gerichte kennt, die Feinschmecker jeden Alters mit Genuß verspeisen und gut vertragen. Versuchen Sie einmal dieses Rezept, wenn Sie gleichzeitig einen älteren Gast und kleine Kinder bewirten wollen.

750 g Schweinefleisch vom Schlegel · 1 Flasche trockener Weißwein · 1 Tasse milder Weinessig · 1 Eßl. Butter · 1 Eßl. Olivenöl · 3/4 l Milch · 1 Zweig frischer Rosmarin · 10 frische Salbeiblätter · Salz · Pfeffer

- Vorbereitungszeit: 2 Tage zum Marinieren
- Zubereitungszeit: 20 Minuten
- Garzeit: 1 Stunde und 30 Minuten

So wird's gemacht: Das Fleisch kurz waschen, abtrocknen. In ein nicht zu weites Gefäß legen. Mit dem Weinessig (eventuell verdünnen!) und so viel Weißwein begießen, daß es gut bedeckt ist. 2 Tage an einem kühlen Ort marinieren lassen. • Aus der Beize nehmen. Gut abtrocknen. Mit Küchengarn binden. • In einer Kasserolle die Butter und das Olivenöl erhitzen. Das Fleisch rundherum anbraten. Mit der Milch aufgießen. Den Rosmarinzweig und die Salbeiblätter dazugeben. Salzen. Pfeffern. Nicht zu stark würzen, weil die Sauce eindicken soll. Man kann ja am Ende der Garzeit nachwürzen. • Zugedeckt bei milder Hitze 1 1/2 Stunden köcheln lassen. Ab und zu das Fleisch wenden. • Dann den Braten herausnehmen. In fingerdicke Scheiben schneiden. Auf einer Platte schuppenförmig anordnen. Warm stellen. • Wenn die Sauce noch zu dünn ist, bei starker Hitze eindicken lassen. Durch ein Sieb streichen. 2–3 Eßlöffel über die Bratenscheiben gießen, den Rest extra servieren.

Spezzatini d'agnello alla postina

Lammgulasch

Die italienische Küche kennt viele herzhafte Gerichte aus Lamm- und Hammelfleisch. Besonders die Gegend um Rom ist bekannt für diese Spezialitäten.

1 kg Lammschulter · 3 Knoblauchzehen · 1 kleine Dose Tomaten (500 g) · 3 Eßl. Olivenöl · 1 gestrichener Teel. getrockneter Majoran · 3 Zweige frisches Basilikum · 1 Lorbeerblatt · 1/2 Tasse trockener Weißwein · Salz · Pfeffer

- Zubereitungszeit: 1 Stunde und 30 Minuten

So wird's gemacht: Das Fleisch vom Knochen lösen. Kurz waschen. Gut abtrocknen. In Würfel schneiden. • Die Knoblauchzehen schälen, ganz lassen. • Die Tomaten abtropfen lassen, etwas Saft zurückbehalten. Mit einer Gabel zerdrücken. • In einer Kasserolle das Öl heiß werden lassen. Die Knoblauchzehen anbräunen, dann entfernen. • Die Fleischwürfel gut anbraten. Dann den Majoran, die Basilikumblätter und das Lorbeerblatt dazugeben, umrühren, nach 2–3 Minuten den Weißwein angießen. Diesen langsam eindampfen lassen, dabei die Fleischstücke fleißig wenden. • Die Tomaten mit etwas Saft daruntermischen. Salzen und pfeffern. Zugedeckt bei milder Hitze 1 Stunde schmoren lassen.

Mein Tip Da Lammfleisch immer wieder im Sonderangebot preiswert zu haben ist, lohnt es sich, mehrere Portionen des Gerichtes einzufrieren und die Beilagen zu variieren.

Anitra alla Giugliana

Entenragout

Giugliana ist mit einem umbrischen Weinbauern verheiratet. Er pflegt seine Reben, und sie kümmert sich um Geflügel, Kaninchen und Schweine.

1 Handvoll Trockenpilze · 1 bratfertige Ente ($1^1/_2$ kg) · 50 g Speck · 1 Zwiebel · 1 Stange Bleichsellerie · 1 Karotte · 50 g Butter · 1 Tasse trockener Weißwein · 1 Teel. Tomatenmark · 1 Tasse Brühe · Salz · Pfeffer

- Zubereitungszeit: je nach Fleischqualität $1^1/_2$–2 Stunden

So wird's gemacht: Die Pilze in lauwarmem Wasser einweichen. • Die Ente in 8–12 Stücke teilen, kurz waschen und gut abtrocknen. • Den Speck in kleine Würfel, die Zwiebel schälen und in feine Scheiben schneiden. • Den Sellerie und die geputzte Karotte klein hacken. • In der Bratpfanne die Butter und den Speck zusammen erhitzen, dann das Fleisch und die Zwiebel dazugeben. Goldbraun braten. • Die eingeweichten Pilze gut ausdrücken und mit Sellerie und Karotte in die Pfanne geben. 5 Minuten weiterbraten, dann mit dem Weißwein aufgießen. Die Entenstücke fleißig wenden, bis der ganze Wein verdampft ist. • Das Tomatenmark in der Brühe auflösen und über das Fleisch gießen. Mit Salz und Pfeffer würzen. Umrühren. Zugedeckt 1–$1^1/_2$ Stunden langsam bei milder Hitze schmoren lassen.

Mein Tip Das Gericht läßt sich sehr gut im Römertopf zubereiten und kann auch eingefroren werden. Dann sollte man es jedoch schon 15 Minuten vor Ende der Garzeit aus dem Topf nehmen.

Coniglio alla Maria

Kaninchenragout

Wir kennen einen Bauern in der Nähe von Paestum, der mit viel Eifer Kaninchen züchtet. Dieses Rezept habe ich von Maria, der Frau unseres Freundes.

1 junges Kaninchen (1 kg) · 2 Knoblauchzehen · 2 Zwiebeln · 3 Zweige Basilikum · 1 Bund Petersilie · 2 Karotten · 3 Stangen Bleichsellerie · 3 Paprikaschoten · 300 g frische oder 1 Dose Tomaten (500 g) · 3 Eßl. Olivenöl · 1 Tasse trockener Weißwein · etwas heißes Wasser · Salz · Peperoncino (kleine scharfe Paprikaschote) oder Pfeffer

- Zubereitungszeit: 1 Stunde und 30 Minuten

So wird's gemacht: Das Kaninchen waschen, gut abtrocknen und in 8--10 Stücke teilen. • Den Knoblauch und die Zwiebeln schälen. Eine Zwiebel in Scheiben schneiden, die andere mit dem Knoblauch und den Kräutern zusammen fein hacken. • Das Gemüse waschen. Die geschabten Karotten und den Sellerie in Scheibchen schneiden. Die Paprikaschoten halbieren, Rippen und Kerne entfernen, waschen und in fingerbreite Streifen teilen. • Die Tomaten kurz in kochendes Wasser tauchen, schälen, grob zerkleinern, Dosentomaten mit einer Gabel zerdrücken, etwas Saft aufbewahren. • In einer Kasserolle das Öl erhitzen. Das Fleisch mit den gehackten Zwiebeln, dem Knoblauch und den Kräutern anbraten, mit dem Weißwein aufgießen. • Die Karotten, den Sellerie, die geschnittene Zwiebel und die Paprikaschoten dazugeben und 10 Minuten dünsten. • Jetzt die Tomaten und, wenn nötig, etwas heißes Wasser in die Kasserolle geben. Mit Salz und Peperoncino oder Pfeffer würzen. Bei milder Hitze zugedeckt langsam etwa 1 Stunde garen.

Pollo al buongustaio

Huhn nach dem Rezept eines Feinschmeckers

1 Brathuhn (1200 g) · 2 Knoblauchzehen · 1 Zweig Rosmarin · Salz · Pfeffer · 3 Eßl. milder Weinessig · 5 Sardellenfilets · 1 kleine Dose Tomaten (500 g) · 3 Eßl. Olivenöl · 1 Eßl. Kapern · 2 Eigelbe · Saft von 1/2 Zitrone · 1 Eßl. Butter

- Vorbereitungszeit: 2 Stunden und 30 Minuten
- Garzeit: 30 Minuten

So wird's gemacht: Das Huhn vierteln, waschen und gut abtrocknen. • Den Knoblauch schälen und zusammen mit den frischen Rosmarinblättchen ganz fein hacken oder wiegen. Das Huhn mit Salz, Pfeffer, Knoblauch und Rosmarin einreiben, in einen Suppenteller legen und den Weinessig darüberträufeln. Zugedeckt mindestens 2 Stunden kühl stellen. Das Huhn mehrmals wenden. • Inzwischen die Sardellen fein wiegen. Die Tomaten leicht abtropfen lassen, dabei etwas Saft zurückbehalten und sie mit einer Gabel zerdrücken. • In einer Bratpfanne das Öl heiß werden lassen, die Sardellen kurz unterrühren. Das geviertelte Huhn dazugeben und von allen Seiten goldbraun anbraten. • Die Tomaten und die Kapern untermischen. Wenn nötig mit Salz und Pfeffer nachwürzen. Bei mittlerer Hitze zugedeckt, je nach Alter des Huhns, 20–30 Minuten dünsten lassen. Ab und zu umrühren. • In einer Tasse 2 Eigelbe mit dem Saft einer halben Zitrone gut verrühren. • Sobald das Huhn gar ist, 1 Eßlöffel Butter zum Bratenfond geben. Die Pfanne vom Herd nehmen. Die Eigelbe unter die Sauce rühren, sofort servieren.

Coda alla vaccinara

Ochsenschwanz mit Bleichsellerie

1 Zwiebel · 1 Knoblauchzehe · 1 Karotte · 1 Bund Petersilie · 50 g Speck · 1 kg Ochsenschwanz und 250 g Ochsenbacke · 1 Eßl. Schweineschmalz · Salz · Pfeffer · 1 Tasse trockener Weißwein · 1 Teel. Tomatenmark · 1/4 l heißes Wasser · 1 mittelgroße frische Staude Bleichsellerie

Mein Tip Wenn Sie kein Backenfleisch bekommen können, kaufen Sie etwas mehr Ochsenschwanz. Im Römertopf zubereitet, braucht das Gericht weniger Aufmerksamkeit.

- Zubereitungszeit: 30 Minuten
- Garzeit: 3 Stunden und 30 Minuten

So wird's gemacht: Die Zwiebel und die Knoblauchzehe schälen. Mit der geschabten Karotte, der gewaschenen Petersilie und dem Speck ganz fein hacken oder wiegen. • Die Schweinebacke in Würfel schneiden und mit den Ochsenschwanzstücken kurz in kochendes Wasser geben, abseihen und trockentupfen. • In einer Kasserolle das Schweineschmalz und das gehackte Gemüse 5 Minuten zusammen erhitzen. • Dann das Fleisch dazugeben und leicht anbraten. Mit Salz und Pfeffer würzen. • Langsam den Wein angießen, das Fleisch häufig wenden, bis der ganze Wein verdampft ist. • Das Tomatenmark in 1/4 l heißem Wasser auflösen, in die Kasserolle geben, aufkochen lassen, dann die Hitze stark verringern. Zugedeckt etwa 3 Stunden schmoren. • Inzwischen den Bleichsellerie putzen, die äußeren Zweige, die leicht holzig sein können, entfernen. Das »Herz« in 2 cm lange Stücke schneiden, die Fäden abziehen. Waschen und abtropfen lassen. 30 Minuten vor Ende der Garzeit zum Fleisch geben.

Rognone in umido

Nierenragout

500 g Schweinenieren · 1/4 l trockener Rotwein · 1 große Zwiebel · 1 kleine Dose Tomaten (500 g) · 4 Eßl. Olivenöl · Salz · Pfeffer · Muskat · 1 Bund Petersilie · 1 gestrichener Eßl. Mehl

- Zubereitungszeit: 45 Minuten

So wird's gemacht: Die Nieren längs halbieren und alle Harnstränge entfernen, dann gründlich waschen und in dünne Scheiben schneiden. In einer Schüssel mit dem Wein begießen, 30 Minuten marinieren, dann gut abtropfen lassen. • Inzwischen die Zwiebel schälen und feinhacken. Die Tomaten mit dem Saft durch ein Sieb passieren. • In einer Kasserolle 3 Eßlöffel Öl erhitzen, die Zwiebel leicht anbraten, die Tomaten dazugeben, mit Salz, Pfeffer und Muskat würzen. Bei mittlerer Hitze etwa 45 Minuten eindampfen lassen. • Die Petersilie waschen und feinhakken. • In einer Pfanne 1 Eßlöffel Öl gut erhitzen, die Nieren dazugeben, mit dem Mehl bestreuen und so lange rühren, bis sie die Farbe verloren haben. Dann mit dem Sugo gründlich mischen, mit der Petersilie bestreuen und servieren.

Was im Kapitel über Vorspeisen gesagt wurde, gilt auch für den Nachtisch. Ich kenne wahre Meisterwerke der Konditorkunst, die italienische Hausfrauen zu festlichen Anlässen für ihre Gäste zaubern. Aber auch die einfachste Mahlzeit ist nicht zu Ende, ohne daß wenigstens eine Schale frisches Obst gereicht wird. Früchte, die das ganze Jahr über in bester Qualität zur Verfügung stehen, bieten auch meist die Grundlage für sehr einfache, aber aparte Desserts. Da das Land für seine köstlichen »gelati« berühmt ist, serviert man gerne Eis, dem wenige Spritzer eines aromatischen Likörs sofort eine besondere Note verleihen.

Frullati

Mixgetränke auf der Basis von Milch und frischen Früchten. Sie werden in jeder guten Bar als Erfrischungsgetränke angeboten.

Frullato di banana e mela

Milchmix aus Banane und Apfel

- Zubereitungszeit: 10 Minuten

1 Banane · 2 Äpfel · 1/2 Orange · 2 gestrichene Eßl. Zucker · 2 Eiswürfel · 1/4 l Milch

Die Banane und die Äpfel schälen, in Würfel schneiden. Die Orange schälen. Ein Stück vom gelben Teil der Schale ohne weiße Haut zurückbehalten. Die Frucht in Würfel schneiden, dabei alle Kerne entfernen. • Die Eiswürfel grob zerkleinern, mit den übrigen Zutaten und der Orangenschale in den elektrischen Mixer geben. Ganz kurz auf Stufe 1, dann 1 Minute auf Stufe 3 schalten. • Sofort in hohen Gläsern servieren. Makronen oder Buttergebäck dazu reichen.

Varianten: Man ersetzt die Äpfel durch reife Birnen und die Orange durch 4 Eßlöffel Alchermes Likör. Statt der Äpfel kann man auch 4 Aprikosen verwenden.

Arance al liquore

Orangen in Likör

4 große Orangen · 2 gestrichene Eßl. Zucker · 2 Gläschen Pfefferminzlikör · einige Blättchen frische Pfefferminze

- Zubereitungszeit: 25 Minuten

So wird's gemacht: Die Orangen so gut schälen, daß keine weißen Häutchen oder Fäden an den Früchten haften bleiben. In dünne Scheiben schneiden, dabei alle Kerne entfernen. • Auf flache Portionsteller verteilen. Mit dem Zucker bestreuen, dann mit dem Likör beträufeln. • 15 Minuten kühl stellen. • Vor dem Servieren mit den Pfefferminzblättchen garnieren.

Varianten: Sie ersetzen den Pfefferminzlikör durch Cointreau und garnieren mit kandierten Kirschen.
Man kann auch die Orangenscheiben nur mit Zucker bestreut kühl stellen. 1 Becher Sahne (Süßrahm) und etwas Vanillezucker steif

schlagen. 1 Eßlöffel gehackte Pistazien darunterheben. Vor dem Servieren über die Früchte geben.
Wenn Sie die Orangenscheiben mit je einer Prise Salz, frisch gemahlenem Pfeffer und Zucker würzen und mit Olivenöl leicht beträufeln, haben Sie nicht nur eine aparte Nachspeise, die besonders von Männern sehr geschätzt wird, sondern auch eine neue Beilage zu Ihren Wildgerichten.

Fragole al vino e limone

Erdbeeren in Weißwein und Zitronensaft

Diesem »dolce« kann ich nicht widerstehen, wenn es auf der Speisekarte eines italienischen Restaurants angeboten wird.

400 g Erdbeeren · 3 gestrichene Eßl. Zucker · 1/2 ungespritzte Zitrone · 1/4 l trockener Weißwein

- Zubereitungszeit: 15 Minuten
- Kühlzeit: 2 Stunden

Mein Tip Wenn Walderdbeeren auf dem Markt angeboten werden, sollten Sie sich diesen aromatischen Nachtisch einmal gönnen. Die kleinen Walderdbeeren werden natürlich nicht zerteilt.

So wird's gemacht: Die Erdbeeren putzen, kurz waschen. • Von der Zitrone etwa 1/4 der Schale in ganz dünnen Streifen abschneiden. Den Saft gut auspressen, alle Kerne entfernen. • Die Erdbeeren vierteln. In eine Schale schichten. Mit dem Zucker bestreuen. • Den Zitronensaft und den Weißwein darübergießen. Kleine Stücke der Zitronenschale dazugeben. Gut mischen. • Vor dem Servieren mindestens 2 Stunden in den Kühlschrank stellen.

Macedonia di frutta

Obstsalat

Sie finden ihn unter diesem wohlklingenden Namen fast auf jeder italienischen Speisekarte. Er wird meist aus frischen Früchten, der Jahreszeit entsprechend, zusammengestellt und mit Zucker, Zitronensaft und Maraschino, einem sehr aromatischen Kirschlikör, gewürzt.

Macedonia di melone

Fruchtsalat aus Melonen

1/2 Wassermelone · 1 Zuckermelone · 2 Scheiben Ananas (frisch oder aus der Dose) · 2 Orangen · 1 Zitrone · 2 Gläschen Cognac (4 cl) · 4 gestrichene Eßl. Zucker

- Zubereitungszeit: 30 Minuten
- Kühlzeit: 2 Stunden

So wird's gemacht: Von der Wassermelone einen Deckel abschneiden und so aushöhlen, daß nur mehr die weiße Innenschicht zurückbleibt. Aus dem Fruchtfleisch kleine Würfel schneiden, dabei alle Kerne entfernen. • Die

Zuckermelone halbieren, Kerne und Fäden herausnehmen. Das Fruchtfleisch ebenfalls in Würfel schneiden. • Die Ananasscheiben in kleine Stücke teilen. • Die Orangen und die Zitrone auspressen. • Die Wassermelonenschale innen mit Cognac gut einpinseln, in den Kühlschrank stellen. Die Fruchtwürfel in eine Schale geben, mit dem Zucker und dem Saft von Orangen und Zitrone würzen. Mit dem Cognac beträufeln. Ebenfalls kühl stellen. In der ausgehöhlten Wassermelone servieren.

Variante: Von einer Zuckermelone einen Deckel abschneiden. Aushöhlen, dabei die Kerne und die Fäden entfernen. Das Fruchtfleisch in kleine Würfel schneiden und in eine Schüssel geben. 10 Datteln entkernen und mit 4–5 getrockneten Feigen in Stücke teilen. 1 Eßlöffel Sultaninen in Cognac einweichen. Mit Feigen- und Dattelstückchen zu den Melonenwürfeln geben. Mit Zucker und Zitronensaft abschmecken und noch etwas Cognac darüberträufeln. Gut mischen, in die ausgehöhlte Melonenschale füllen. 1½ Stunden kühl stellen.

Pere al vino

Birnen, in Wein gekocht

»Siete tedeschi e mangiate solo patate e frutta cotta!« pflegten kleine Milanesen hinter unseren blonden, blauäugigen Kindern herzurufen. Das heißt übersetzt: »Ihr seid Deutsche und eßt nur Kartoffeln und Kompott!« Eine recht zahme Beschimpfung eigentlich, wenn man bedenkt, daß schon die kleinen Italiener Feinschmecker sind, und unser kulinarischer Ruf jenseits der Alpen nicht der beste ist.

Auch in Italien gibt es gekochtes Obst als Nachspeise, allerdings verwendet man dazu nicht nur Wasser, sondern erstklassige Weine. Ein kleiner Unterschied mit großer Wirkung.

8 getrocknete Pflaumen · 1½ Tassen Marsala · 4 mittelgroße reife Birnen · 1 gestrichener Eßl. Zucker · 1 Stück Schale einer ungespritzten Zitrone · 4 Gewürznelken

● Zubereitungszeit: 1 Stunde und 15 Minuten

So wird's gemacht: Die Trockenpflaumen in ½ Tasse Marsala einweichen. Nach ¼ Stunde abtropfen lassen, dann entkernen. • Die Birnen schälen, halbieren, das Kernhaus mit einem kleinen Löffel herausstechen, dabei die Höhlung etwas erweitern. Die Birnenhälften nebeneinander in ein flaches feuerfestes Gefäß geben, mit je zwei Pflaumen füllen. • Den restlichen Marsala darübergießen, den Zukker darüberstreuen. Die Zitronenschale und die Nelken dazugeben. Zugedeckt bei ganz milder Hitze etwa ¾ Stunden köcheln lassen. Kann warm oder gekühlt gegessen werden.

Mein Tip Wenn Sie keinen Marsala im Hause haben, können Sie ihn durch Madeira ersetzen, müssen dann aber die Zuckermenge verdoppeln.

Variante: Im Aostatal werden die Birnen nicht geschält und halbiert, sondern nur gut gewaschen in einem feuerfesten Gefäß mit Piemonteser Rotwein gekocht. Diesen würzt man mit Zucker, Nelken und gemahlenem Zimt. Kochdauer im Backofen bei mittlerer

Hitze etwa $1^1/_2$ Stunden. In dieser Zeit hat sich der Wein sirupartig eingedickt. Für diese »pere alla valdostana« verwenden Sie am besten Birnen einer kleinen festen Sorte.

Pere con gorgonzola

Birnen mit Gorgonzola

1 Zitrone · 4 kleine süße Birnen · 50 g Gorgonzola · 2 Eßl. weiche Butter · 2 Eßl. geriebene Nuß- oder Pinienkerne

- Zubereitungszeit: 30 Minuten
- Kühlzeit: 2 Stunden

So wird's gemacht: Die Zitrone auspressen. • Die Birnen schälen, halbieren. Mit einem Löffel das Kernhaus entfernen und die Höhlung etwas vergrößern. • Innen und außen gut mit dem Zitronensaft einpinseln. • Den Käse mit der Butter schaumig rühren und diese Creme in die Birnen füllen. Je zwei Hälften zusammendrücken, in den geriebenen Nüssen wälzen. • 2 Stunden in den Kühlschrank stellen.

Mein Tip Die Birnen vertragen sich nicht nur mit dem Gorgonzola. Sie schmecken auch zu anderen italienischen Käsesorten ausgezeichnet. Weintrauben, Äpfel oder Walnüsse werden ebenfalls oft zu Käse verzehrt. Kenner lassen sich darum Käse und Obst gleichzeitig servieren.

Zabaione

Weinschaumcreme
Bild 3. Umschlagseite

Der »zabaione« oder »zabaglione«, denn auch im Ursprungsland ist man sich über die Schreibweise nicht einig, ist als Dessert so beliebt, daß das Rezept in keinem italienischen Kochbuch fehlen darf. Die Zubereitung ist denkbar einfach.

3 Eigelbe · 30 g Zucker · $^1/_8$ l Marsala

- Zubereitungszeit: 15 Minuten

So wird's gemacht: In einem Gefäß, das man in ein Wasserbad stellen kann, mischt man alle Zutaten und schlägt den Weinschaum mit dem Schneebesen so lange, bis er cremig wird. Er darf nicht kochen. Sofort servieren. Sandkuchen oder Löffelbiskuits dazu reichen.

Pan di Spagna

Brot aus Spanien

Man kann dieses Biskuit in fast allen italienischen Bäckereien fertig kaufen. Die Hausfrau verwendet es zur Zubereitung delikater Süßspeisen, zum Beispiel der »zuppa inglese« (Rezept Seite 65), die Sie auch als »zuppa romana« auf der Speisekarte finden können.

6 Eigelbe · 180 g Puderzucker · 1 Päckchen Vanillezucker · 6 Eiweiße · 85 g Weizenmehl · 75 g Gustin

- Zubereitungszeit: 1 Stunde

So wird's gemacht: Die Eigelbe mit Zucker und Vanillezucker schaumig rühren, die steif geschlagenen Eiweiße und das gesiebte Mehl mit dem Gustin locker darunterziehen. • In eine gefettete, mit Pergamentpapier ausgelegte Form füllen. • Sofort im vorgeheizten Ofen bei 190° 35–40 Minuten backen. Mit einem Stäbchen probieren, ob kein Teig haften bleibt. Erst am nächsten Tag weiterverwenden.

Zuppa inglese

Festliches Dessert aus der Gegend um Rom

1/2 l Milch · 5 Eigelbe · 125 g Zucker · 1 Vanillezucker · 30 g Mehl · 1/2 Tasse kalte Milch · 100 g verschiedene kandierte Früchte · 300 g »Pan di Spagna« (Rezept siehe Seite 64) · 5 Eiweiße · 100 g Puderzucker · Alchermes (ein Likör, den man in italienischen Fachgeschäften kaufen kann) · Rum

- Zubereitungszeit: etwa 2 Stunden

So wird's gemacht: In einem größeren Topf 1/2 l Milch zum Kochen bringen. • Inzwischen die Eigelbe, den Zucker, den Vanillezucker und das Mehl in einer Schüssel gut verrühren. Die kalte, dann langsam die kochende Milch dazugeben, dabei mit dem Schneebesen kräftig schlagen, bis eine cremige Masse entsteht. Diese Masse in den Kochtopf zurückschütten und bei milder Hitze unter ständigem Rühren einmal kurz aufkochen lassen. • In eine Schüssel gießen und auskühlen lassen, dabei ab und zu umrühren, damit sich keine Haut bildet. • Die kandierten Früchte in kleine Würfel, das »Pan di Spagna« (Biskuit) in feine Scheibchen schneiden. • Den Backofen auf 120° vorheizen. • Die Eiweiße zu steifem Schnee schlagen, den Puderzucker unterheben. • Den Boden einer feuerfesten Form, in der man die Zuppa inglese auch servieren kann, mit einer Lage Creme bestreichen. Biskuitscheibchen darauf legen, diese reichlich mit Rum beträufeln. Ein paar Löffel Creme darübergeben. Wieder mit Biskuit belegen, das mit Alchermes großzügig getränkt wird. So lange wiederholen, bis alle Zutaten aufgebraucht sind, dabei soll die letzte Lage aus Creme bestehen. Mit den kandierten Früchten bestreuen. Den Eischnee darüber verteilen und so lange in den auf 180° vorgeheizten Backofen stellen, bis sich die Baisermasse leicht gelb gefärbt hat. Ausgekühlt servieren.

Coppa all'uvetta

Eisbecher mit Sultaninen und Pinienkernen

4 Eßl. Sultaninen · 4 Eßl. Pinienkerne · 1/2 Tasse Rum · 200 g Nußeis · 200 g Vanilleeis

- Zubereitungszeit: 45 Minuten

So wird's gemacht: Die Sultaninen kurz abbrausen, trockentupfen und mit den Pinienkernen in eine kleine Schüssel geben. Mit dem Rum begießen, umrühren und im Kühlschrank 30 Minuten ziehen lassen. Dann abgießen und kurz abtropfen lassen. • Das Eis in vier Becher geben, die Sultaninen mit den Pinienkernen darüber verteilen, mit je 1 Eßlöffel Rum begießen und sofort servieren.

Tirami su

Dessert mit Mascarpone und Biskuit

Ziemlich wörtlich übersetzt bedeutet der Name »Zieh mich empor!«. Dieses Dessert findet man zunehmend auf den Speisekarten italienischer Restaurants. Seit Mascarpone nun auch bei uns immer häufiger angeboten wird, ist es kein Problem, diese wahrhaft köstliche Speise auch zu Hause zuzubereiten.

2 Eier · 50 g Zucker · 250 g Mascarpone · etwa 15 Löffelbiskuits · knapp ¼ l kalter Espresso · Kakaopulver

- Zubereitungszeit: etwa 30 Minuten
- Kühlzeit: mindestens 8 Stunden

So wird's gemacht: Die Eier trennen. • Die Eigelbe schaumig rühren und den Zucker nach und nach dazugeben. So lange weiterrühren, bis die Masse weißschaumig ist. Den Mascarpone hinzufügen und rühren, bis eine dickliche Creme entstanden ist. • Die Eiweiße sehr steif schlagen und vorsichtig unter die Creme heben. • Die Hälfte der Löffelbiskuits in dem Espresso so vorsichtig tränken, daß sie nur eben feucht und in der Mitte noch fest sind. Sie sollen sich nicht auflösen. • Mit den getränkten Biskuits den Boden einer viereckigen flachen Schale auslegen, darauf die Hälfte der Creme sorgfältig verteilen. • Die übrigen Biskuits tränken, die Creme damit bedekken und auf diese den Rest der Creme geben und glattstreichen. • Die Oberfläche mit Kakao bestreuen und das Dessert am besten über Nacht, mindestens aber 8 Stunden kühlstellen.

Mein Tip Wenn Sie keine Espressomaschine haben, können sie ersatzweise sehr gut den italienischen Pulverkaffee dafür verwenden, der inzwischen überall zu kaufen ist. Wenn Sie diesen noch mit Kakaolikör parfümieren, schmeckt das Dessert noch besser.

Prugne alla panna

Dörrpflaumen mit Schlagsahne

24 große fleischige Dörrpflaumen aus dem Reformhaus · 3 Gewürznelken · ½ Stange Zimt · 1 Stück unbehandelte Zitronenschale · knapp 1 Eßl. Zucker · etwa ¼ l Rotwein · ¼ l Sahne · 1 Päckchen Vanillinzucker

- Zubereitungszeit: 1 Stunde

So wird's gemacht: Die Pflaumen gut waschen. Mit den Gewürzen und dem Zucker in eine kleine Kasserolle geben. Soviel Wein angießen, daß die Früchte damit bedeckt sind und die Pflaumen bei schwacher Hitze etwa 30 Minuten darin kochen. • Das Kompott in der Kasserolle auskühlen, dann in einem Sieb gut abtropfen lassen (dabei den Saft auffangen und anderweitig verwenden). Die Gewürze entfernen. • Die Sahne mit dem Vanillinzucker steifschlagen. Die Hälfte davon in vier Schälchen verteilen. • Je 6 Pflaumen kreisförmig darauf anordnen. • Die restliche Sahne mit dem Spritzbeutel in der Mitte als Rosette daraufsetzen.

Echt italienische Menüs

Herzhaftes Menü für hungrige Gäste
Aperitivo (Seite 6)
Antipasto di verdura • Rohkost als Vorspeise (Seite 10)
Spaghetti all'amatriciana • Spaghetti, wie sie die Frauen in Amatrice zubereiten (Seite 24)
Manzo alla nonna • Rinderschmorbraten (Seite 52)
Pere con gorgonzola • Birnen mit Gorgonzola (Seite 64)
Caffè (Seite 7)
Digestivo (Seite 8)

Menü für Leute, die gerne Ente essen
Aperitivo (Seite 6)
Prosciutto con melone • Schinken mit Melone (Seite 11)
Risotto con finocchi • Fenchelrisotto (Seite 36)
Anitra alla Giugliana • Entenragout (Seite 58)
Formaggi • Käseplatte (Seite 7)
Arance al liquore • Orangen in Likör (Seite 61)
Caffè (Seite 7)
Digestivo (Seite 8)

Ein Menü, das schnell geht
Aperitivo (Seite 6)
Antipasto di tonno e olive • Thunfisch in Öl mit schwarzen Oliven auf Salatblättern angerichtet (ohne Rezept)
Zuppa di finocchi • Fenchelsuppe (Seite 16)
Costolette die maiale • Schweinekoteletts (Seite 53)
Formaggi • Käseplatte (Seite 7)
Pere al vino • Birnen, in Wein gekocht (Seite 63)
Caffè (Seite 7)
Digestivo (Seite 8)

Ein Menü besonders für Senioren
Aperitivo (Seite 6)
Acciughe con burro • Sardellenfilets mit Butterröllchen (ohne Rezept)
Minestra di zucchini • Zucchinisuppe (Seite 16)
Vitello con funghi • Kalbsfrikassee mit Pilzen (Seite 49)
Formaggi • Käseplatte (Seite 7)
Fragole al vino e limone • Erdbeeren in Weißwein (Seite 62)
Caffè (Seite 7)
Digestivo (Seite 8)

Menü für kalte Wintertage
Aperitivo (Seite 6)
Peperonata • Paprikaschoten mit Tomaten und Zwiebeln (Seite 12)
Spaghetti alla napoletana • Spaghetti mit Tomatensauce (Seite 25)
Polpetone alla toscana • Hackbraten auf toskanische Art (Seite 50)
Formaggi • Käseplatte (Seite 7)
Frutta della stagione • Frisches Obst nach Jahreszeit
Caffè (Seite 7)
Digestivo (Seite 8)

Ein Menü für Fischesser
Aperitivo (Seite 6)
Zucchini a scapece • Marinierte Zucchini (Seite 11)
Bucatini alla panna e gorgonzola • Nudeln mit Sahne und Gorgonzola (Seite 33)
Pesce alla pizzaiola • Fisch in Tomatensauce (Seite 46)
Formaggi • Käseplatte (Seite 7)
Macedonia di frutta • Obstsalat (Seite 62)
Caffè (Seite 7)
Digestivo (Seite 8)

Dieses Menü läßt sich vorbereiten
Aperitivo (Seite 6)
Antipasto misto • Salami, roher Schinken, Essiggurken (ohne Rezept)
Minestrone alla bovisana • Dicke Gemüsesuppe aus Mailand (Seite 21)
Coda alla vaccinara • Ochsenschwanz mit Bleichsellerie (Seite 60)
Formaggi • Käseplatte (Seite 7)
Frullato di banana e mela • Milchmix aus Banane und Apfel (Seite 61)
Caffè (Seite 7)
Digestivo (Seite 8)

Raffiniertes Menü für Fisch-Feinschmecker
Aperitivo (Seite 6)
Cavolfiore alle acciughe • Blumenkohl mit Sardellen (Seite 13)
Risotto di gamberi • Krabbenrisotto (Seite 39)
Trota in umido • Forelle in Tomatensauce (Seite 46)
Formaggi • Käseplatte (Seite 7)
Gelato di crema al marsala • Vanilleeis mit Marsala (ohne Rezept)
Caffè (Seite 7)
Digestivo (Seite 8)

Leichtes Menü für heiße Sommertage
Aperitivo (Seite 6)
Frittata di bietole • Mangoldomelette (Seite 15)
Pastina in brodo • Fleischbrühe mit Teigwaren und geriebenem Parmesan (ohne Rezept)
Coniglio alla Maria • Kaninchenragout (Seite 58)
Formaggi • Käseplatte (Seite 7)
Macedonia di melone • Fruchtsalat aus Melonen (Seite 62)
Caffè (Seite 7)
Digestivo (Seite 8)

Menü für Leute, die Lammgerichte schätzen
Aperitivo (Seite 6)
Insalata mista con uova e prosciutto • Frischer Salat mit gekochten Eiern und Schinken (ohne Rezept)
Risotto di fagioli • Bohnenrisotto (Seite 39)
Spezzatini d'agnello • Lammgulasch (Seite 57)
Formaggi • Käseplatte (Seite 7)
Zabaione • Weinschaumcreme (Seite 64)
Caffè (Seite 7)
Digestivo (Seite 8)

Preiswertes Menü zum Monatsende
Aperitivo (Seite 6)
Antipasto di sardine • Sardinen mit Zitronenachteln auf Salatblättern (ohne Rezept)
Stracciatella alla romana • Römische Eiersuppe (Seite 22)
Pollo al buongustaio • Huhn nach Feinschmecker Art (Seite 59)
Formaggi • Käseplatte (Seite 7)
Mandarine e noci • Mandarinen und Nüsse
Caffè (Seite 7)
Digestivo (Seite 8)

Feines Menü für eilige Leute
Aperitivo (Seite 6)
Funghi trifolati • »Getrüffelte« Pilze (Seite 15)
Pasta al tonno • Spaghetti mit Thunfisch (Seite 31)
Saltimbocca alla romana • Kalbsschnitzel mit Schinken und Salbei (Seite 49)
Formaggi • Käseplatte (Seite 7)
Coppa all'uvetta • Eisbecher mit Sultaninen und Pinienkernen (Seite 65)
Caffè (Seite 7)
Digestivo (Seite 8)

Rezept- und Sachregister

Hier finden Sie die Rezepte in deutscher und in italienischer Sprache.
Die *kursiv* gesetzten Seitenzahlen verweisen auf die Farbbilder.

GU Küchen-Ratgeber

Alles, was gut schmeckt! Tolle Rezepte von gestern und heute. Die beliebten Küchen-Ratgeber - zum Sammeln wie geschaffen. Jeder Band mit 56 - 72 Seiten, 10 - 25 Farbfotos, vielen Zeichnungen, Paperback.

Wählen Sie aus:

- Köstliche Aufläufe
- Backen nach Großmutters Art
- Selber Brot backen
- Köstliche Ei-Gerichte
- Selber einmachen
- Köstliche Eintöpfe aus aller Welt
- Köstliche Fisch-Gerichte
- Reizvolle Fleisch-Rezepte
- Reizvolle Fondue-Rezepte
- Köstliche Geflügel-Gerichte
- So schmeckt's vom Holzkohlengrill
- Reizvolle Rezepte mit Käse
- Reizvolle Kartoffel-Gerichte
- Kochen mit Knoblauch
- Küchenkräuter selbst gezogen
- Köstliche Lamm-Spezialitäten
- Mixgetränke - mit und ohne Alkohol
- Nudel-Variationen
- Pizza, Calzone und Focaccia
- Plätzchen selbst gebacken
- Köstlichkeiten mit Quark und Joghurt
- Raffiniert würzen - leicht gemacht
- Reizvolle Rezepte für 1 Person
- Bunte Salate mit Variationen
- Köstliche Saucen selbst gemacht
- Gutes aus dem Schnellkochtopf
- Toast raffiniert
- Kochen mit Tomaten
- Vollkorn-Rezepte
- Wildgerichte - leicht gemacht
- Köstliches aus dem Wok
- Kochen mit Zwiebeln
- Chinesisch kochen - leicht gemacht
- Echt französisch kochen
- Echt griechisch kochen
- Indonesisch kochen - leicht gemacht
- Echt italienisch kochen

GU Gräfe und Unzer

Rezept- und Sachregister

»Zabaione« ist eine köstliche Weinschaumcreme, die heiß gegessen wird. Rezept Seite 64 ▷